一开口，改变你的现状，提升你的魅力！
人际、职场、应酬、谈业务、婚姻家庭，都能派上用场。

做个会说话会办事懂交际的聪明女人！

聪明女人非凡的口才、优雅的说话技巧，是家庭幸福的法宝，是事业成功的利剑，更是自身个性魅力的砝码。

聪明女人的口才修炼课

越到位，越魅力

小 刀◎编著

Congming Nvren De
Koucai Xiulianke

好口才的女人有魅力，有魅力的女人更有吸引力。

中国言实出版社

图书在版编目（CIP）数据

聪明女人的口才修炼课 / 小刀编著 . —北京：中国
言实出版社，2014.6
　　ISBN　978-7-5171-0661-6

　　Ⅰ．①聪…　Ⅱ．①小…　Ⅲ．①女性—口才学—通俗读
物　Ⅳ．① H019-49

中国版本图书馆 CIP 数据核字（2014）第 137752 号

责任编辑：文涓涓

出版发行　中国言实出版社
　　地　　址：北京市朝阳区北苑路 180 号加利大厦 5 号楼 105 室
　　邮　　编：100101
　　编辑部：北京市西城区百万庄路甲 16 号五层
　　邮　　编：100037
　　电　　话：64924853（总编室）64924716（发行部）
　　网　　址：www.zgyscbs.cn
　　E-mail：zgyscbs@263.net
经　　销　新华书店
印　　刷　北京普瑞德印刷厂
版　　次　2014 年 8 月第 1 版　2014 年 8 月第 1 次印刷
规　　格　710 毫米 ×1000 毫米　　1/16　17.5 印张
字　　数　240 千字
定　　价　32.80 元　　　ISBN 978-7-5171-0661-6

前 言

　　不知道你是否留意过这样一种现象：在人际交往中，谁说的话越多，谁的话就越没有分量。很多人都有这样的认识误区：总以为话说得越多，在社交圈子里就会越成功，其实不然。请记住，言不在多而贵精。那种信口开河、滔滔不绝讲话的女人，无论走到哪里，无论跟谁谈话，都是不会受到欢迎的。

　　女人难得生得人见人爱、倾国倾城，但"会说话"可以为你增添姿采。说话，作为一种艺术，具有极大的美感和魅力，一言可以改变命运，一语能够收获幸福。会说话不是伶牙俐齿、问一答十，而是通过语言与人正确有效地交流，把陌生人变成好朋友，把好朋友变成心有灵犀的知己。尤其对现代女性来说，掌握良好的口才和说话技巧，不仅能决定人际关系的和谐，而且影响事业的发展和人生的幸福。无论身在何处，会说话的女人总是可以灵活地处世、有效地沟通、机智地应答，能让自己的生活更精彩。

　　会说话是现代女性应备的一种能力，更是一门必修课。会说话的女人，"说"就要征服对方，"言"

就要打动人心，"讲"就要触动心弦，"辩"就要滴水不漏。说话是唯一可以通过自我修炼获得幸福的秘密武器。一个会说话的女人，必定能将自己的智慧、优雅、博学和能力通过口才展现在众人面前，这样她便能在社交中左右逢源、出类拔萃、广受欢迎，成为爱情甜蜜、事业有成、婚姻美满、享受生活的魅力女人。

本书是专为女性朋友们打造的口才成功学、魅力魔法书，紧密结合女人们的现实生活，站在女人的独有优势、交友之道、决胜职场、婚姻爱情、家庭关系五个角度，选用经典实用的案例，将会说话的女人魅力何在娓娓道来，接着从说恰当的话、真诚的话、关键的话、幽默的话、赞美的话、批评的话、拒绝的话等九个方面，结合具体情境选用通俗易懂的实例，揭开魅力女人的说话之道，给出较易操练的方法和切实的指导。

希望每位女性都能从中学到在生存和竞争中获胜的说话本领，打造自己的独特魅力，抓住成功人生的资本，永远快乐和幸福。

目 录 CONTENTS

上篇 聪明女人的说话艺术

下篇　魅力女人的说话之道

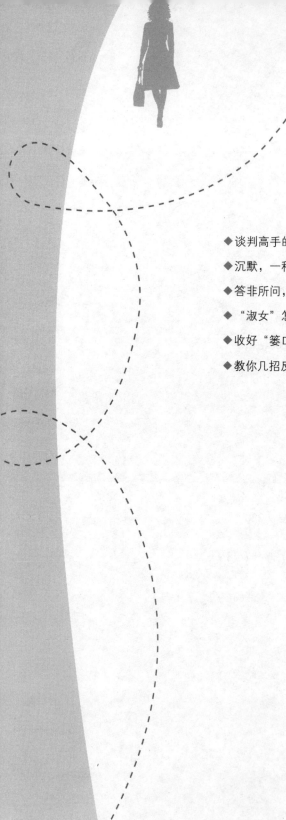

聪明女人的说话艺术

　　任何时候，无论是在家庭生活，还是在社交场合，一个会说话的女人总是最受欢迎、最具吸引力的。好的口才使她魅力四射、左右逢源，使她决胜职场、游刃有余，使她家庭和谐、婚姻幸福……她能用好口才把握住每个表现的机会，打造出充满魅力的亮丽人生。

第一章

察言观色，用智慧提升魅力

　　每个女人都具有天生的女性魅力，动听的嗓音、迷人的微笑、温和的语气和灵动的眼神。懂得并善于运用温柔的女人是可爱的。凭借温柔这一利器，会说话的女人往往能在特殊的条件下创造出令男人们瞠目结舌的奇迹。

女人有内涵，说话更有魅力

有人的地方就有江湖，有人的地方就有沟通。无论生活还是工作，人与人之间的沟通总是不可避免的，比如夫妻之间、亲人之间、同事之间、朋友之间，即使不相识的人之间都需要沟通，可以说沟通无处不在，但要做到顺畅沟通则是不容易的。沟通就是通过语言的交流达到一种共识和默契，这就不只是把想说的话告诉对方那么简单了。因此，如何把话讲好、讲贴切、讲得入境并达到一定的目的，就需要掌握一定的说话技巧。

任何时候，一个会说话的女人总是最受欢迎的，无论是在家庭生活，还是职场社交。特别重要的是，职场女性能进行有效的沟通才能更受欢迎，也更能增加自己的魅力。

芳是一家销售公司的销售人员，在工作上取得的成绩非常多。因为工作出色、业绩突出，她从一名普通的销售人员被提拔为业务经理。此时，经常会有下属向她请教如何与客户沟通的秘诀。对此，芳从来都直言不讳："其实，我也没什么秘诀，只不过与客户沟通时，我往往会选择他们感兴趣的话题，尤其是女性客户，由于有相对较多的共同语言，只要是真心想购买公司产品的，一般情况下都能轻松搞定。比如，面对家庭主妇，我总是先说起女同志的共同话题——育儿经，一般女性在这个话题上都有浓厚的兴趣，一说起来就没完没了，而且越说越起劲。慢慢地，我就把话题转到了养育孩子不容易上面，比如说学费太贵，好学校难上，孩子不听话太淘气……当引起了对方的共鸣之后，我立刻就把话题转到了自己身上，向她们大倒苦水：'我要是嫁个有钱的老公就好了，就不用又带孩子又工作了，真是一言难尽啊！'这样一来，我们就会产生很多相同的感受，只要对方是真心购买产品的，一般都会掏钱的。"

女人都爱美丽，每当有人用"美丽"这个词赞美自己的时候，女人们都会心花怒放。因为美意味着别人羡慕的目光，美丽是所有女人一生都追求的东西。然而，美丽却是一个内涵非常丰富的词，它不仅指让人怦然心动的外表，更是气质、魅力、修养、品质的混合物；它不仅刺激着周围人的视觉，更重要的是给人的一种感觉，这种感觉中有热情、有温暖、有快乐。有内涵的女人说话更有魅力。

做人需要智慧，做一个有魅力的女人更需要智慧。会说话的女人用自己的口才打造独特的魅力，会说话的女人能轻松地面对遇到的各种问题。然而会说话的本领并非自然天成，它需要女人独特的敏感和悟性，需要在生活中不断地总结和反省，需要在沟通中不断地锤炼和运用。

动听的嗓音可以俘获人心

古希腊有位名叫伽林的医生曾经说过："声音可以反映出一个人的灵魂。"还有人说："声音是女人裸露的灵魂。"声音能透露女人的心灵世界。声音是身体最美的旋律，它自然天成、魅力持久，而且可以在后天的努力下变得越来越美。声音是女人自然天成的乐器，在只闻其声、不见其人的情况下，可以预留出无尽的想象空间。

女人的声音动听，自然很容易受到人们的欢迎。古代的小说常用"声音如银铃"来形容女人的话语声，其实这是对女性声音在人际交往中第一印象的高度概括。在人们的潜意识里，女人的声音有时比思想更重要。比如一个女人的思想很一般，长相也一般，但是她的声音甜美，那么在别人眼里她就是一个清纯、甜美的女孩子。反之，一个女人的声音非常难听，虽然她很聪明，也有思想，却难以获得别人的好感。有人常常说什么样的女人有女人味？女人的声音是体现女人味的最佳途径。从某种程度上说，女人的声音有时和美貌具有同等的杀伤力。

一位在外企工作的男士，经人介绍和一个女孩子谈恋爱。见面之前，他们通了若干次电话，在电话中这位女孩甜美、温柔的声音给他留下了深刻的第一印象。见面之后，他曾坦率地告诉身边的朋友对女朋友的看法："女孩子的形象比我想象的要差一些，我有些犹豫，但她一开口，她的声音就能迷住我。"这位男士由于自身条件比较优越，身边从不缺少漂亮的女孩子的追求，但他最终选择了在他评价里长相并不绝佳的女子，最重要的原因就是他彻底被那个女孩子甜美的声音征服了。

这个男士选择女朋友的理由，告诉我们这样的道理：女人可以不美，也可以没有多高的学识见解，或者其他方面的东西，但是最好要有能吸引人的好嗓音。

有人说，声音是女人的一面镜子，这话不错。好的声音就像一首旋律优美、悦耳动听的乐曲，引"无数男人竞折腰"。台湾第一名模、男人心中第一性感女神林志玲富有磁性的"娃娃音"不知道引来了多少俊男靓女的羡慕，男人痴迷，女人羡慕。这样的声音也对林志玲得到很好的观众缘起了关键作用。

有人说，声音是女人的第二张名片，或者说声音也是女人的"第二张面孔"。职场上，女人势必要打造被你的听众所喜欢的独具特色的音质，最好是易于分辨的音质，这样你才能让别人对你产生最大的好感。

声音也可以成为对一个人综合能力的判断标准。当听见有吸引力、有磁性的声音时，我们常常会这样断定，这个人更可爱，更能胜任某项工作，更有领导才能等。

我们可以对自己的声音进行后天的加工和修饰。通常而言，声音的质量包括高低音、节奏、音量、语调、抑扬顿挫。如果想改变自己的声音，那么你需要检测自己声音的不足之处，下面几点可以帮我们简单分析一下自己的声音。

1. 语调是否具有抑扬顿挫的旋律？你要对自己所讲的话题充满激情，否则平淡、乏味的语调会使人打瞌睡，没人愿意听下去。

2. 声调是否过于尖锐或过于低沉？尖锐的声调常常会刺激听者的神经，令人产生反感，尝试着把发音集中在嗓子眼里看看；过于低沉的声调会使人产生压抑感，尝试着运用腹部和胸腔发声。

3. 音量是否过大或过小？过大的音量有咄咄逼人之感；过小的音量又

使人听辨不清。问问你身边的人，看看在他们眼里，你的音量大小是否适中？

4. 语速是否过快或过慢？过快不但使人难以听清楚，有时还会暴露不够稳重的性格缺陷；过慢容易使人丧失听的兴趣和耐心，也缺少活力四射的生机。

5. 注意把握说话节奏，请给听者留出思考的空间。

6. 过于浓重的方言口音，容易使人一头雾水，在公众场合尽量使用普通话进行交流。

7. 交谈时，切忌口头语或口头禅、发音错误、不文明的脏话等。

如果你觉得自己的声音不够动听，但你又想打造一个完美的自己，那么从现在开始修炼自己的声音。一般情况下，修炼声音包括以下几个方面：

准备说话前先喝口水，做一下深呼吸，然后自然地微笑。发音吐字就像一颗颗明珠从口中流出，你要气息下沉，喉部放松；不僵不挤，声音贯通；发音轻弹，如珠如流；气随情动，声随情走。

对一个女人来说，富有魅力、婉转动听的嗓音会使自己的魅力剧增，能让你变得更加可爱、迷人。拥有动听嗓音的女人更受男人的欢迎。一个声音甜美的女人，可能会更容易获得爱情。在工作上，动听的嗓音能扩大你的交际圈，因为人们常常喜欢与声音甜美清脆的女性交谈，从而获得某种难以言说的愉悦。

总而言之，一个女人的嗓音对爱情、婚姻、事业都起到至关重要的作用，因此，你不能忽略对自己嗓音的完美追求。要相信：你迷人的嗓音足以改变人心；你动听的嗓音足以赢得世界！

微笑，女人最美的语言

在一次电视节目中，有个评选才艺选手的比赛。一位评委这样评价了一个长相一般的女孩，并给了她最高分，他说："她长得并不漂亮，单从五官来看也不算标准，但是我在台下看到她始终保持微笑。当笑的时候，她的五官活跃起来，现出一副美丽、动感、和谐的面容。"

接着，这个评委评价了女孩的对手——另一位选手，他说："她无论从五官还是五官的搭配来看，都比前一位选手漂亮，但是她的面部表情太生硬了。"

结果很显然，前一位选手晋级，后者被淘汰了。

这便是微笑的力量。微笑的确是非常可爱的表情，唇角微翘，即使长相丑陋的人也会变得异常美丽动人。因此，有人说微笑的女人最美丽。

微笑是人们心灵沟通的钥匙，使人更显安详和友善。当一个人对你微笑的时候，你能感觉到他心中的暖意，感受到他对你的善意和友好。相反，一个人若总是紧绷着脸，冷若冰霜，就会令人退避三舍，不愿接近。

因为微笑，人们之间的隔阂才会消除，我们的世界变得美丽。微笑加深了人们之间的友谊，拉近了心与心的距离，让彼此多了一份宽容和理解。

有人说，笑是没有任何副作用的镇静剂。它能使暴怒的人瞬间平静下来，使惊慌失措、紧张不安的人立刻松弛下来，更重要的是它能放松心情、增加自信，使你顺利走出困境。

美国的联合航空公司有一个世界纪录，那就是在 1977 年载运了数量最多的旅客。联合航空公司宣称，他们的天空是一个友善的天空、微笑的天空。的确如此，他们的微笑不仅仅在天上，而且从地面便开始了。

一位叫珍妮的小姐去参加联合航空公司招聘，当然她没有任何关系，也没有事先去打点，完全凭借自己的本事去争取，最后她被聘用了。你知道这是为什么吗？因为珍妮小姐的脸上总是带着微笑。

令珍妮感到惊讶的是，面试的时候，主试者在讲话时总是故意将身体转过去背着她。你不要误会这位主试者不懂礼貌，他是在体会珍妮的微笑，因为珍妮应聘的职位是通过电话工作的，有关预约、取消、更换或者确定飞机航行班次的事情。

那位主试者微笑着对珍妮说："小姐，你被录用了，你最大的资本就是脸上的微笑，你要在将来的工作中充分地运用它，让每一位顾客都能从电话中感受到你的微笑。"

虽然可能没有太多的人会看见她的微笑，但他们通过电话可以感觉到珍妮的微笑一直伴随着自己。

微笑是吸引他人的"磁石"。只要有微笑，办事不再感到为难，人与人之间的沟通将变得非常轻松。

对于女人来说，你的笑容是最好的信差，你的微笑能够照亮所有看到它的人。对那些整天愁容满面的人来说，你的笑容就像穿过乌云的太阳。尤其是肩负巨大压力的人，在面对上司、客户、老师、父母或子女时，一个微笑能带给他们莫大的支持与安慰。这样做的女人，一定是个富有爱心的人、胸襟开阔的人，也只有这样你才能赢得人心。

女人的微笑如此迷人，何不试着对镜微笑，对生活中的自己微笑，对身边的人微笑，对需要帮助的陌生人微笑。把自己的迷人微笑展现给全世界，你对世界微笑，世界也会报你以微笑，你也将感受到世间的更多美好！

温和的语气更优雅

在陌生的场合，遇到不高兴的人和事时，我们是表示极端的愤怒，用咄咄逼人的语气向对方抗议，还是用温和的语气解决问题呢？毫无疑问，当然是后者的效果更理想了。

某机场里，飞机起飞前，一位乘客请求空姐倒一杯水给自己吃药。那位空姐非常礼貌地说："先生，为了您的安全，请稍等片刻，等飞机进入平稳飞行后，我会立刻把水给您送过来，好吗？"

10分钟后，飞机早已进入平稳的飞行状态。突然，乘客服务铃急促地响起来，那位空姐猛然意识到：糟糕，因为太忙了，自己忘记给那位乘客倒水吃药了！

当空姐来到客舱时，看到按响服务铃的果然是那位要水的乘客。她小心翼翼地把水端到那位乘客的面前，并且面带微笑地说："先生，实在对不起，由于我的疏忽，延误了您吃药的时间，向您表示我深深的歉意。"

那位乘客抬起左手，指着自己的手表说："怎么回事，有你这样为乘客服务的吗？你自己看看，都过了多长时间了？"

空姐双手端着水杯，心里感到非常委屈，但是她并没有因为乘客的责怪而离开。她依然面带微笑，用温和的语气向乘客做耐心的解释，但那位挑剔的乘客就是不肯原谅她的疏忽。

在接下来的飞行中，为了弥补自己的过失，那位空姐每次去客舱为乘客服务时，都会特意走到那位乘客面前，面带微笑地询问他是否需要水，

或者别的什么帮助。然而，那位乘客余怒未消，摆出一副很不合作的样子，并丝毫也不理会空姐。

到达目的地前，那位乘客要求空姐把意见簿给他送过去。很显然，他要投诉那位空姐。

这时候，面对乘客的恶劣态度，空姐仍然保持微笑。她不但没有说任何抱怨的话，而且非常有礼貌地说道："先生，请允许我再次向您表示真诚的歉意，无论您提出什么意见，我都将欣然接受您的批评！"

那位乘客的脸色逐渐变得温和了，想说些什么，但却没有开口，他接过意见簿，开始在本子上写起来。

等到飞机安全降落，所有的乘客陆续离开后，空姐才打开意见簿。她本以为那位乘客一定写了很多对自己服务态度的不满，但当打开意见簿后却惊奇地发现，他在本子上写下的不是指责，而是赞扬。

在信中，空姐读到这样一句话："在我的旅途中，你表现出的真诚的歉意，特别是你的十二次微笑，深深地打动了我，使我最终决定将投诉信写成表扬信！你的服务质量很高，下次如果还有机会的话，我还将乘坐你们的航班！"

在现实生活中，能做到遇事冷静不是一件容易的事，能在陌生人的百般挑剔下依然用温和的语言和微笑对待对方更不容易，但是那位空姐做到了，因此她受到了乘客的表扬就是一件顺理成章的事了。由此可见，在公共场合，特别是在别人的情绪失控，说出一些不礼貌的话时，女人们仍应该控制好自己的情绪，就像那位空姐一样。如果她也对那位旅客发脾气，那么一场争论就无法避免了，而争论的结果肯定对她没有任何好处。对女人来说，温和的语气比咄咄逼人更显优雅和魅力哦！

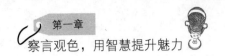
让你的眼神所向披靡

在人际交往中，美女的眼神也是一种极具杀伤力的武器。美女之眼一开一闭，先显娇蛮之态，再露离怨之色，简直令人神魂颠倒。怪不得公关小姐出山，事情的成功率迅速提升，因为对方是男人的世界。

秀丽很想应聘公关小姐的职位，于是到一家国际公司和总经理面谈。她一袭正规套装，胸前带着一枚素雅的胸针，微笑地大步向总经理的办公室走去。轻轻敲门听到经理的回应后，秀丽礼貌地和经理握手的同时，正视他的眼睛，最终她心想事成了。后来，朋友问她："你和他进行眼神交流时，总经理有没有占你的便宜啊？"她笑答："怎么可能呢？眼神交流也是一种公关技巧，不说明其他什么。"

秀丽说得非常有道理。当交流的双方彼此注视时，即使一句话不说，也会有一定的收获。注视是眼波的碰撞和沟通，是一种"电波"。通过注视，可以评估对方，表达对对方的情感，或使对方失望，或使对方获得信心。

学会眉来眼去等于掌握一种交际工具。眉来眼去是有规则的，一般来说，善于利用视线，但要避免使对方产生不舒服的感受。女性的不满大多是男性上司的"眼神"引起的。比如"色迷迷的眼睛"、"用令人厌恶的眼光从上到下打量女性"等，都是眼神带来的扰人问题和不良结果。

对方回答你的问题时，眼睛却不正视你，东张西望，甚至故意避开你的注视，这表明他的回答不可靠，一定言不由衷。如果他眉头紧锁，表明

他不同意你说的话。如果他的眼睛突然变大，说明他被你的话打动了。

白居易的诗句"回眸一笑百媚生"，道出了美女眼波的无穷魅力。聪明的女人用眼睛说话。有时眼睛"说"出的话，要比嘴上说得更清楚明白，更能打动人心。一双明亮有神且会说话的眼睛更是女人魅力的"点睛之笔"。那么如何演练出神入化的眼神呢？

1."放电"要因人而异

大胆而火辣的眼神是你内心情感的微妙流露，是你瞬间捕获对方"芳心"的一种秘密武器，但是正因为它是秘密武器，所以，轻易不要使用哦。社会上见到女孩子就放光的男性很多，本来色迷迷的目光正紧紧地盯着你，你再"电"他一下，无形中助长了他的邪念，反而给自己带来了麻烦，那就得不偿失了。

对一般的异性，你的目光应该是自然而坦诚的，可以有关注、鼓励、疑惑、求助的成分，但千万不要有"柔情"的火花哦！

2.读懂对方的眼神

（1）含情脉脉的眼神是爱

那是一种令你感觉甜甜的、暖暖的、怦然心动的目光，你说不清它，只觉得心里有一缕暖暖的阳光射进来似的，有几分醉意的绯红飘上脸颊。

这是一种爱的信息，你仿佛找到了盼望已久的梦境。这种目光令你无论如何都割舍不下，如果你对拥有这种目光的人有好感，就别再浪费时间了。

（2）惊叹的眼神是欣赏

这种目光与前者不易区分，但你千万要分清楚，不然可就是自作多情了。区别的要点是，对方一触及你的目光，便会挪开你的眼部去打量你的眉毛、嘴唇，这说明他并不来"电"，只是一种对你欣赏的态度。

（3）色迷迷的眼神是骚扰

色迷迷的眼神贪婪得像流氓无赖，这种目光在你的身上乱窜，你会感

到浑身不自在。如果再配上不自然的笑容，那你千万不要搭理这种人。面对这种人，你要迅速躲避，如果你的态度模棱两可，他就会得寸进尺。

女人事业的成功离不开男人的强大支持与通力合作，单枪匹马难以独占鳌头。会说话的聪明女人善用不同含义的眼神来博取男人们的帮助和青睐，因此，要学会让你的眼神所向披靡。

倾听比说话更重要

有一位顾客在某商店里买了一套西装，由于掉色严重，要求退货。售货员和顾客因退货问题争执起来，商场经理闻声赶到。

由于经验丰富，非常了解顾客的心理，商场经理三言两语就使被售货员气得大发雷霆的顾客恢复了平静。这位经理究竟使出了什么杀手锏呢？

原来，经理出现在顾客面前后，先是微笑着耐心地听完顾客对西装质量的不满和对售货员服务态度的抱怨。顾客说完后，他又让售货员说话。

摸清了顾客和售货员争吵的来龙去脉后，这位经理真诚地对顾客说："我代表商场向您表示真诚的歉意，我没想到这样的西装也会褪色。对西装的处理办法，我们完全听从您的意见。"

顾客说："那么，你有什么更好的方法不让西服掉颜色吗？"

经理问："这样您看行不行，您先试穿一周，然后再做决定。如果一周后西装依然掉颜色，我们无条件给您退货，好吗？"

结果，顾客穿了一周后，西装果然没有再掉颜色了。

如何做一个"听话"的高手呢？上面的这位商场经理能给我们带来一些启示。他之所以能使处于愤怒中的顾客迅速平静下来，关键在于他能够认真地倾听了顾客的不满。

善于倾听实际是对他人的一种褒奖和欣赏，认真地倾听对方的述说是尊重对方的表现，倾听就意味着告诉对方"你是一个值得我结交的人"、"你说的话很有价值"。在你倾听的过程中，诉说者的自尊得到了满足，从而拉近了说者与听者的心理距离，说者认为只有听者能理解自己，并为自己能找到一个可以倾诉的对象感到非常开心。因此，认真仔细地听说者的讲述，是成为一个"听话"高手的首要条件。

"听话"高手的第二个特征就是养成良好的听话习惯。听别人说话要注意基本的礼貌，要与说者有目光的交流，要专心致志地听，而且要适时地用恰当的表情回应对方。"听话"高手的眼神不会飘忽不定，"听话"高手不会轻易打断对方或接过话头代下结论，"听话"高手不会三心二意和现出烦躁的表情。

会说话的女人一定是个"听话"高手，为提高自己的"听力"，她们经常进行这样的训练：

1.训练"听话"时的理解力。没事的时候，找朋友闲聊，但要有意识地锻炼自己的理解力。

2.训练"听话"时的记忆力。也就是学会边听边整理说话要点，记住一些关键词语，以及一些重要的数据和事例。

3.训练"听话"时的注意力。想听得准，就必须学会排除干扰。可以同时打开几台收音机，调出不同的内容，然后复述不同收音机的不同内容。

4.训练"听话"时的反应力。即在不同场合与各种对象灵活进行交谈。

5.训练"听话"时的辨析力。即快速分辨出争论各方的不同观点和逻辑关系，并进行评价。

撒娇，女人的独门暗器

拥挤的公交车上，一对恋人靠在一起。男孩紧紧绷着帅气的脸，怒气冲冲；女孩诚惶诚恐的样子，时不时偷偷瞄瞄男孩，好几次都欲言又止。明眼人一看就知道是女孩做错了事，惹男孩生气了。旁边的人在一边暗自为女孩担心该如何打破这个僵局。

突然，司机来了个急刹车，站着的乘客都晃得东倒西歪，女孩没抓稳扶手，眼看就要跌倒了，男孩动作敏捷，一把将女孩搂在怀里。女孩一副楚楚可怜的模样，惊魂未定。她娇嗔着对男孩说："你不是说不管我了吗？干嘛还要扶我呢？"男孩刚才还是气呼呼的脸瞬间变成一脸柔情，满眼怜爱地说道："傻瓜，你是我的宝贝，疼你还来不及呢，怎么舍得真生你的气！"女孩翘着嘴俏皮地一笑，小鸟依人地偎在男孩肩头，男孩生怕女孩再受到惊吓，就这样紧紧地搂着，不顾旁边乘客的目光。

这个善于撒娇的女孩令人感叹，那个宽容的男孩令人感动。有人说，撒娇是女人的法宝，这有一定的道理。如果说男人在生气时是烈焰，那么会撒娇的女人就是水，水浇灭了熊熊怒火，消解了满腔怨气，化刚硬为绕指柔。

女人妩媚的回眸，最是那一颔首的娇羞，轻声细语的娇嗔，楚楚可怜的软弱……无一不是杀手锏。即使铁骨铮铮的汉子，女人的似水柔情也能将他变成侠骨柔肠，激发男人骨子里最细腻最本真的性情。

古代中国的四大美女，哪个不是千娇百媚、柔情似水？一句"闭月羞花，沉鱼落雁"指的不单单是美貌，更是她们娇转莺啼、千娇百媚的气质。这四位美女在中国古代影响着国家的时局，她们的威力甚至超过千军万马。她们有时只要娇唇微启便能免去一场血腥的战争，令帝王将相宁愿缠绵在美人的温柔乡里。

撒娇需要智慧。每个女人都会撒娇，但并不是每个女人撒娇都惹人喜欢。撒娇需要把握"火候"。那种从来不撒娇的女人，也许是男人眼中的"男人婆"，失去了女人独有的娇媚；可是不分场合对谁都撒娇的女人，未免过于矫揉造作，令人反感。

会说话的女人更擅长使用"撒娇"这一法宝，它可以使男人包容她的任性和缺点，可以使男人心甘情愿地为她付出一切。撒娇可以使女人无论在家庭还是职场中，都能所向披靡。一个"娇"字包涵了太多含义。春天般温婉美丽的妩媚是娇，夏日般璀璨热烈的激情也是娇，秋天般气爽风清的妖娆是娇，冬日般瑞雪满山冈的神秘也是娇。

那句"最是那一低头的温柔，像一朵水莲花不胜凉风的娇羞"，很好地展现了一名女子的娇媚，把女人爱撒娇的天性生动地表现出来。从一抹微笑到一个眼神，从此端到彼处，女人娇媚的天性流水般源源不断，魅力无法抵挡，使人心旌荡漾。

怎么会有人不舍得撒娇？哪有不爱撒娇的女人呢？就像一幕无色无声的电影让人觉得乏味一样，不爱撒娇的女子也像一朵苍白的塑料花。风花雪月闲情逸致就如撒娇一样，让女人变得柔软而美丽。如果女人连基本的撒娇都不屑一顾，估计连自身的仪表都懒得打理了，更不会留意身边那些清新美好的小饰物，更不会珍惜别人的爱。这样一来，她给别人的印象也会大打折扣，使人觉得无趣。

所以，爱美的女人们，请千万不要放弃你生命中与生俱来的"撒娇"天性。你不但要爱撒娇，更要学会如何在生活中施展自己的娇柔。你是个不够温柔体贴的女子吗？那么让我的"娇"来做你的绕指柔。请抛弃你大

大咧咧的外衣，做一个娇媚的小女人吧。撒娇也是有技巧的，下面可要看仔细哦！

谈恋爱的时候，有的女人能把娇撒得出神入化，让男人全身变得酥麻麻。因为在自己心爱的人面前，女人会显得千娇百媚，撒娇的时候也更温柔可爱，在男人心中的位置也更稳固。即使在婚姻中，也不能一味地责骂和抱怨，不妨也多撒娇。因为婚姻中的琐碎细节和很多事情超出了你的想象，时间久了你会觉得这样的生活平淡无奇、死水一潭。而偶尔撒娇，可以让你的生活变得波澜起伏，让死水泛起涟漪。现在我们就一起看看"爱情撒娇论"吧。

1. 拿捏撒娇的分寸

"撒娇"与"撒野"只有一步之遥，前进或后退一步却别有洞天。撒娇就像一门艺术，你一定要控制好情绪，别犯了女人"撒野"的大忌讳。在撒娇与撒野之间还有个过渡点，那就是"撒泼"，这也是要避而远之的，撒泼的女人不但全无情调，而且令自己尊严扫地。

撒娇的时候，要给自己留有余地。如果是为了某个目的，请先想好一旦撒娇失败该如何收场，才能让两个人不至于陷入尴尬境地。比如在你决定和他一起见家长的时候就要想好，一旦他的家人不喜欢你，你该怎么办。

2. 找准男人的底线

聪明的女人是不会贸然撒娇的，她一定会搞清楚男人的痛处在哪里？他到底能够容忍到何种程度？他对哪些撒娇方式最没有抵抗力？

3. 不涉及原则

撒娇的时候你不可以拿双方的原则问题开玩笑，毕竟这是一种不讲道理的行为。比如他最在意的某段旧恋情，你不可以动辄和那个女主角一争高下。他会很生气，后果很难预料。

4. 掌握好时机

撒娇的时候一定要掌握好时机，事后撒娇一般没什么用处，而时机未到又会让人觉得莫名其妙，会被怀疑你是不是在打什么坏主意。

5. 要风格化

每个会撒娇的女人都有自己的风格。当然你也可以向别人学习，有样学样，但千万不要东施效颦！如果你像林志玲，当然可以用身体语言；但如果你是走可爱路线的女生，就要把与自己的气质相似的女人当榜样。

6. 欲擒故纵

当你想制造一个撒娇机会时，可以先做点儿事哄他开心，让他觉得意外和开心。男人在心里是个孩子，需要宠爱。

7. 自然

如果你是单纯的小女孩，你有自己的撒娇方式；如果你是成熟的女人，你也有让人着迷的撒娇本领。不管是何种风情，都可以让男人在不知不觉中爱上你的美丽。

不争不气有魅力

　　我们应该努力控制自己的语言，遇事先自我反省，而不是发牢骚、耍脾气。工作中什么人都有，争吵、生气、发牢骚也就在所难免。如果在一些非原则的问题上我们非要与别人争个你输我赢，那你就永远也不会获得好的人缘。

　　美云是一家销售公司的员工，在公司里她精明能干，经常帮助经理制定销售计划，自己的销售业绩也在所有的员工中名列前茅。但是，美云与同事的关系总是很不融洽，主要的原因就是她经常发脾气。

　　一次，经理让美云与同事赵亮一起制定一份销售计划。计划制定好后，经理却不太认可，而且把他俩批评了一顿。下班时，美云冷冷地对赵亮说："都怪你，如果你努力了，这份计划就会制定得完美无缺，我们就不会挨批评了。"

　　"怎么能全怪我呢？经理最不满意的是计划中的那一组数据，说它没有真实性，可那数据是你调查得来的啊！"赵亮解释道。

　　"跟你合作可真倒霉！"美云说完，把办公室的门一摔就走了。

　　其实，美云心情好的时候，还是能和同事们说说笑笑的，可是如果哪位同事没照顾到她的情绪，无心说了句什么话，在别人听来根本无所谓，而美云会莫名其妙地板起脸转身就走，或者毫不留情地把同事们数落一番。时间一长，同事们都渐渐地疏远了她，不愿再和她交往了。

看来，冲动真的是一个魔鬼啊！它最终只能使你陷入孤立无援的境地。一般来说，发脾气是人们对客观事物不满而产生的一种情绪反应，是由外在的各种刺激所引起的。但是，我们不能因此而把过错都推到同事身上，更不能随便对同事发脾气、发牢骚。因为发脾气既伤害自己又伤害同事，常常发无名之火更是缺乏修养、心胸狭窄或情绪不健康的表现，应当努力克服和避免。另外，我们应该学会控制自己，遇事先自我反省，而不是发牢骚、耍脾气。

在工作中从不发脾气的人恐怕是没有的，但不为一些琐事常发脾气是完全能够做到的。在生活中，一个有魅力的女人往往是有文化、有修养的人，也常常是宽宏大度、风趣幽默的人。她们很少在一些小事上大动肝火，而是用风趣幽默的语言处理同事之间的关系。那么，怎样才能做到这一点呢？

1. 学会在"脾气"中"逆情性思维"。所谓"逆情性思维"，就是向引起发脾气导火线的相反方向思考，这样就能比较客观、宽容地看待问题和处事，避免发无名之火。

2. 学会疏导自己的不良情绪。在情绪不佳时，有效的自制方法是暂时回避，去做自己喜欢的事情。如果实在不能离开，可以多做几次深呼吸，并与同事慢慢地逐字逐句地讲话，以平息上升的"火气"。

3. 学会控制自己的行为。发脾气常常是因对客观事物不满而产生的。我们可以从情绪的自我疏导入手，控制自己的行为，可以主动和同事交流思想，倾吐内心的苦闷。

4. 学会接受别人的劝告。一般来说，一个人在发脾气时，自控能力会减弱，无法有效地控制自己，别人的劝告可以缓解你过于激动的情绪。关键在于发脾气的人要学会乐于接受别人的劝告，不要一意孤行，以免犯更多的错误。

说话含蓄更风雅

做人，"含蓄不露，便是好处"，"用意十分，下语三分，可见风雅；下语六分，可追李杜；下语十分，晚唐之作也"。其实，这也是做人的一个诀窍，做人不能太露，太露了就是"晚唐之作"，并不可取。含蓄是一种大气、一种教养、一种风度，真正会做的人总是含蓄的，总是懂得明明占理十分，只说三分，总是记得"得理也让人"。

含蓄不是技巧，而是一种做人的准则。含蓄人生的拐杖是智慧，而内容则是象征和暗示。它的魅力在于"藏"，就像一幅美妙的山水画。含蓄的女人并不掩盖自己的本来面目，而是在生活中留有余地，从不赤裸裸地表现自己，也从不直截了当地要求别人。

在生活中，那些热衷于"推销"自己的人即使办了一点实事，也只是肤浅地流于形式。因为他们只会给人留下"夸夸其谈"的印象，不可能在人们心中树立起威信。相反地，有的人没有"雷声"，却下起了"绵绵细雨"，悄悄滋润着人们的心田。这种人的处世态度就是以含蓄为贵，注重实际，不做口头文章，因而威信自立。有一则真实的故事：

某局长想从自己手下里提拔一名女秘书辅佐自己，考虑合适的对象有两个：一个是红，一个是华。红得知消息后，拉张三结李四地鼓吹自己有政治远见、有谋略、有能力改变单位的现状，并在总结会上大肆鼓吹自己的成绩。总之，她是竭力显示自己，以引起局长的重视和注意。岂料，局长一句"像你这样能力太强的人，局里用不起"就把红打发了。当局长找华谈心时，华只是含蓄地说了一句"在我没有做好之前，不敢随便许诺"的话就赢得了局长的赏识，局长认为她讲实际、求实效，而红却野心勃勃、浮躁炫耀。

从这个故事可以看出：有时说话一句抵百句，费尽心思地想达到目的，倒不如顺其自然。

因此，女人应该懂得"含蓄"，面对各种考验沉着冷静地考虑问题，不要轻易发表自己不成熟的见解，看人看事不能肤浅片面。当然，并不是让你坐等机会不去争取，而是让你采取正确的方式。面对竞争残酷的社会，当人们热衷于"推销自我"同时，别忘了"含蓄"做人或许更能成就大业。

女人还是含蓄稳重一些好，切忌过于锋芒毕露，要时刻牢记"枪打出头鸟"、"言多必失"的道理。

第二章

舌绽莲花，会说话的女人惹人爱

朋友是人生不可缺少的重要部分。真正的朋友，会在我们寂寞时带来欢乐，在我们忧郁时给予安慰，在我们无助时伸出援手。当然，许多人交友处世常会走入这样的误区：朋友之间无须讲究客套。其实不然，他们没有意识到，朋友关系的存续是以相互尊重为前提的，容不得半点强求、干涉和控制。所以，与朋友相处时，会说话的女人选择尊重朋友，谈话从不随随便便，绝不跨入对方的禁区，这样才能赢得朋友。

用"您"打开话匣子

　　人们尝试与人建立关系时，最常见的错误之一就是想引起别人对自己的兴趣。他们试着谈论一个又一个话题，希望恰好碰到一个对方感兴趣的。这样做你就本末倒置了。想让你的谈话取得良好的效果吗？那么在与人交谈时，请选择他们感兴趣的话题。他们最感兴趣的话题应该是什么呢？就是他们自己！

　　当你谈论对方时，他们就会兴致勃勃，而且非常着迷，他们对你的好感也会油然而生。因此，当你谈及说话对象时，你是在顺应人心；当你与对方只谈论自己时，就是违背人的心理了。

　　如果你想成为最会说话的女人，那么从现在起在你的辞典中删掉几个词——"我、我自己、我的"，并将人类语言中最有力的一个词——"您"放进去，开始频繁地使用它吧！你可以这样使用，如："这是给您做的"、"这将给您的家庭带来欢乐"、"如果您这样做，您将会从中受益无穷"等等。

　　当你能放弃谈论自己和使用"我、我自己、我的"几个词而产生满足感时，你的办事效率、你的影响力和号召力将会大大提高。虽然要做到这一点是有难度的，而且需要不断地练习，但是一旦付诸实践，它给你带来的回报将会大大超乎你的预期。

　　还有一种利用"人们关心自己"这一特点的方式是，让他们谈论他们自己。这时你会发现，人们热衷于谈论自己胜过任何话题。如果你能巧妙地引导人们谈论自己，他们也将很喜欢你。

　　你可以尝试着这样问他们：

"您在这家公司工作很长时间了吧？"

"您认为……怎么样？"

"您的家人好吗？"

"您的孩子近来好吗？"

"这是您的爱人吗？"

"祝您节日快乐！"

……

要与别人建立关系，最好的方法就是把注意力集中在对方的兴趣上。如果你善于理解，你几乎立刻就能弄清对方的兴趣所在。如果你在对方的家中或者办公室，你可以试试通过他贴在墙上的图画、获得的奖品或纪念品，或者摆在书架上的书来弄清他的业余爱好和兴趣，一定会有什么东西能吸引你的注意力。如果他的兴趣是你所不懂的东西，就利用你们的交流了解一下。如果你也有同样的兴趣，你们一定会聊得很投机。

大多数人很难对其他人产生影响力或号召力，是由于他们总是忙于考虑自己，忙于谈论自己，忙于表现自己。但是，请记住这样一个事实：你是否对谈话感兴趣并不重要，重要的是你的听众是否对你的谈话感兴趣，除非你不想成为会说话的女人，除非你不想拥有和谐融洽的人际关系。所以，当会说话的女人与人谈话时，会更多地谈论对方，并引导对方谈论他们自己。

做一个聪明的女人吧，如果你开始留心围绕着"您"做文章，那你一定能够成为一个最受欢迎的最会说话的女人。

烧香看神，说话看人

在人际交往中，说话的艺术性体现在：尽管人人都会，但是效果却大不一样。有句话说"不会说话得罪人，不会烧香得罪神"。许多人之所以不被别人喜欢就是因为不管对方是什么人，想说什么就说什么，结果常常闹出一些矛盾和尴尬，不仅得罪了人，而且在很多方面给自己带来不利的影响。

某单位有个叫老周的同志很不会说话，经常得罪了领导还不知道。一次，领导乔迁新居，请大家去"暖窝"。到了领导家，大家围着领导夫人，这个说"真年轻"，那个说"衣服很得体"，老周却说："嫂子，我给你推荐一种特效减肥药吧……"领导夫人听后，狠狠地瞪了她一眼。类似的事情很多，因此与她一起参加工作的同事，提拔的提拔，重用的重用，只有老周还是一个"大头兵"。单位里的好心人奉劝她，说："你这个女人啊，什么都好，就是那张破嘴得罪人。"

在公众场合讲话时，女人们一定要谨慎，既不能胡侃乱吹，又不能人云亦云，而要用一双"火眼金睛"看清楚听话者的身份，了解他们的喜爱与兴趣后再开口也不迟，否则如果因为说话不得体，或者触到了对方的敏感事情，不但得不到对方的尊重，有时还会引火上身。看看下面的例子吧。

"夫人，你看到那边那位穿蓝色西装的中年男子了吗？"在一次酒会上，某公司的副总对坐在自己旁边的一位陌生中年女性说。

"哦，见到了。"那位夫人礼貌地说。

"他是我们公司的一把手。别看他表面睿智仁慈，其实是道德败坏！""是吗？"那位夫人微笑着轻声说。

"哦，你不是我们公司的人，不了解他，当然也就不知道了。如果你感兴趣，我愿意讲给夫人听听。"

那位夫人不置可否地笑了笑。

副总见此，便得意地说："我们老总虽然有工作能力，但作风却不正派，听说在外面养了个'二奶'，结果原配夫人在家里又哭又闹，导致精神失常，现在正在精神病院治疗呢。"

"这些事我怎么不知道呢？"那位夫人又微笑着说。

"当然，你当然不知道了，他隐藏得多么深啊！这只老狐狸，居然有心情在这里潇洒。"

"对不起，先生，我该走了。"那位夫人依旧礼貌地说。

"哦，我能送送你，为你效劳吗？我的奔驰车就在外面。"

"谢谢，不用了，我先生有车。"

"你先生？"

"对，他过来了。"那位副总一看，恨不得找个地洞钻进去。原来，那位夫人的先生正是他刚才百般贬低的老总。

会说话的职场女性在陌生人面前绝不随便说话，她们总是了解了对方的性格、脾气、秉性后，才"对症"开口，因此，无论走到哪里，她们总能受到欢迎。

要受人欢迎，还得保持一定距离

　　地球与各个行星只有保持一定的距离，才能按各自的轨道旋转而不互相碰撞；机动车与行人分道而行，才能保证交通安全。哲人叔本华说："人就像刺猬，靠得太近，会互相刺痛；距离太远，就无法'取暖'"。人与人保持恰当的距离，才能形成和谐的关系。

　　人生在世，不能没有朋友，但是朋友关系不像父子、夫妻关系那样，事关亲情和法律，也不像上下级之间，有制度和法律的约束，聚容易散也容易。所以，交友不但要谨慎，而且朋友之间应该保持一定的距离，这样做不仅仅是为了自身，更是为了友谊的长久。

　　女人天生是感性的，对待一种事物往往因为太喜爱会丢掉尺度。同时，女人与女人之间的相处也是非常微妙的，在彼此建立联系的过程中，女人都会有一个可以完全信赖和吐露心声的亲密无间的朋友，但多数情况下，也会因为失去距离而伤害彼此的友谊。

　　记得有一篇小说，说的是一对非常要好的朋友，好得不可开交，其中一个结婚时，客人已经散尽了，只剩下新郎和新娘。这是一个美好的时刻，但是新郎却无动于衷，好像还在等着什么人。新娘终于忍不住问了新郎，新郎说自己在等他的那位好朋友。新娘又羞又怒，举手就扇了新郎一巴掌。

　　小说当然不足为鉴，但它却提出了一个朋友交往中应该注意的问题，那就是要适当地保持距离。异性朋友自然不必说，距离太近了容易使友情走偏，其实，同性朋友也应该避免过分的亲近。比如，想方设法打探朋友的隐私，随便插手朋友的私事并且乱出主意，随便翻看或动用朋友的私人物品，对朋友的妻子缺少分寸感等，都是没有把握好距离的表现。

古人说，"与朋友交，敬而远之"，敬也就是保持一定的距离。俗语有"过近无君子"、"距离才能产生美"，说的都是这个道理。保持适当的距离，是朋友的距离，或者说，距离是朋友的氧气。

英国政治家和作家本杰明·迪斯雷利曾说："没有永恒的敌人，也没有永恒的朋友，只有永恒的利益。"朋友之所以不能永久，是因为我们往往情不自禁地把好事做尽，没有给友谊留下必要的生长空间。

小芳在多年的努力下，终于在单位掌握了一点小权，就因为她的"一点小权"，围在她身边的"朋友"也越来越多了。她也很随和，跟她的那些所谓的"好姐妹"无所不谈，她认为"朋友"之间就不应该有所保留，而应该坦诚相待。于是，她在那帮"姐妹"、"朋友"面前自然就没有了隐私。

后来，因为工作需要，她出国考察了一段时间，开始有人恶意传言说她不会回来了。这时，她的一位最知心的朋友为了讨好领导，跟领导说了她的不少坏话。哪知过了一些时日，她却不声不响地从国外回来了，而且还在原来的职位上掌权。于是，她亲眼目睹了一次极为精彩的表演：那位朋友不仅毫无愧色，而且要为她这位"知己"接风洗尘。其实，小芳在国外考察的时候就已经得知她的朋友出卖了自己。不过，这件事的错误并不在于她过分地相信朋友，而在于她和朋友之间没有保持一定的距离。朋友之间以诚相待没错，但这并不意味着就应该没有一点隐私，毫无保留。在一定的情况下，朋友是最值得信任的，但在有些时候，朋友却也是最危险的人。所以，朋友之间应该时时刻刻保持应有的距离，一旦跨越雷池，受伤的不仅仅是自己，还有你苦心经营的友谊也会一去不返的。

人与人之间，距离太大，就是隔膜、障碍。如果距离太小，又仿佛失去了神秘感，失去了吸引力。就好像对一些太容易得到的东西，我们往往

不懂珍惜，而对得不到又有机会得到的东西，我们会期待着去争取。

在动物园游玩，远远看见大老虎的时候，你会产生一种神秘的美感，可一旦野兽靠近，即使你的安全防范做得再好也会使你不寒而栗。人和人之间也有一个"安全距离"，如果"安全距离"被破坏，人的心理安全得不到满足的时候，矛盾就会如影随形。

其实，与人交往保持距离，绝不是设置心灵上的屏障或戒备防线，物理距离也好，心理距离也罢，但它绝不是感情距离。"距离"没有固定的界限，它因人、因场合而异，女性更要掌握距离这门学问，才能学会尊重别人和被别人尊重，更好地与人交往。

玩笑开得要有分寸

　　在现实生活中，玩笑犹如一种精神生活的"调节剂"，朋友之间经常会有开玩笑的时候。而开玩笑会使人与人之间进行某种程度的轻松愉快的情感沟通，对紧张的工作、学习、生活也是非常有益的，但玩笑就是玩玩而已，不能开得过火。

　　从哲学角度来说，世界上任何事物的存在和发展都是有度的，度是一定事物的质和量的范围、界限或关节点。特定的事物只有在一定的度内才能保持质和量的统一，一旦这种统一由于量变达到度的界限就会被破坏，就使事物的性质发生变化。我们开玩笑也是如此，必须把握分寸。在生活中，有些人在玩笑中夹杂着贬损，甚至口吐恶语攻击对方，并采取一些过激的行为。这样的"玩笑"不仅没有使对方在情绪上"轻松愉快"，反而使对方羞恼、愤怒。如果遇到的是修养高的人，反驳几句也就过去了。若是遇到性格火暴、从不吃亏的人，则会导致冲突，大打出手，甚至头破血流。这时开玩笑的人可能会说："你这个人连玩笑都开不起？"而且会蛮有理由地把责任全都推给对方。这种类似的情形，可以说是时有发生。如何看待这种玩笑呢？如果我们排除开玩笑的人起初就怀有恶意的话，那么我们可以说这种玩笑是不"适度"的结果，使"玩笑"变成了"战争"。所以，开玩笑把握一定的"度"非常重要。

　　玩笑是生活的调味品。在繁忙的工作之余，在残酷竞争的压力下，同事之间、家人和亲戚朋友之间，开个玩笑大家笑一笑，既可以活跃气氛，又可以放松心情，但开玩笑一定要适度，要因人、因时、因环境、因内容

而定，因此，开玩笑时一定要注意内容的选择。要做到既能引人发笑，又不影响同事之间的团结，而且内容不能太庸俗。有人喜欢拿同事的笑柄来开玩笑，本来人家对此就特别忌讳，你再拿出来说笑，自然会闹出不愉快。更要切忌拿别人的缺点和生理缺陷开玩笑，这就更容易引发矛盾了，而那时的后果更是不堪设想了。

开玩笑还要注意对象。有人喜欢嘻嘻哈哈，经常与人开玩笑；有人却不苟言笑，喜欢严肃、安静。你要区别对待，千万不能适得其反。电影《十五贯》讲的就是因一句玩笑引发的悲剧。

尤葫芦喜欢开玩笑，而他的养女苏戍娟却爱较个真。一次，尤葫芦跟养女开玩笑说："我已经把你卖了。"不料，苏戍娟信以为真，竟在夜里偷偷逃走了。她跑得匆忙，忘记了关门，正巧娄阿鼠前来行窃，杀死了尤葫芦。而苏戍娟却遭到怀疑谋财害命。如果是别人，听了这个玩笑，撒个娇或回敬个玩笑也就算了，可尤葫芦却没考虑到养女的性格特点，开了这个"严重"的玩笑，酿成了悲剧。

开玩笑，还要分场合。同事正在工作，你却不知忙闲地开玩笑，不是等着遭白眼吗？在严肃的会场，你无所顾忌地开玩笑，不是招领导批评，遭同事反感吗？

与同事相处，适当地开开玩笑，可以起到融洽关系的作用，也不妨开开自己的玩笑。开自己的玩笑，正是因为尊重别人，很容易赢得朋友的真诚相待。开自己的玩笑，就把自己放在了与同事平等的位置上，平添了几分亲近感，更容易与同事打成一片。

开玩笑要分场合、分对象。跟同事、朋友在一起时，可以观察他们的性格，有些人是不喜欢开玩笑的，有些人开开玩笑是没有关系的。开玩笑时别过度，能把握好分寸是最好的。

朋友背后，别说坏话

在背后中伤朋友，说朋友的坏话是小人行径，也是任何一个会说话的女人所不齿的。因此，要想获得真正的友谊，要想获得朋友的信任，我们应该在自己的言辞里加一点"蜜"，而不是在背后说朋友的坏话。有这样一个寓言故事：

狐狸和狼是好朋友，但狐狸深得狮王的宠爱。狼见此便怀恨在心，不顾彼此的友情，决定找个机会在狮子面前说狐狸的坏话。

一天，狮子病了。狼觉得机会来了，便向狮子控告，说狐狸对统治它们的大王毫不尊敬，傲慢得不来探视。正在这时，狐狸走了进来，听到了狼说的最后几句话。

狮子生气地向狐狸怒吼，狐狸马上找了一个借口为自己开脱，它说："大王，所有来探望你的，谁能和我一样对你忠心耿耿呢？我跑遍了所有的地方，才替你从医生那里要来一种治你病的药方啊。"狮子命令它立刻说出这个药方。

狐狸回答说："你只要剥下一只活狼的皮，乘热裹在身上，你的病很快就会好的。"那只狼立刻被抓去剥皮。

狐狸这时回头笑着对狼说："你本应该使狮王不生恶念，只生善念才对啊！"

这个寓言给我们这样的启示：心胸坦荡，光明磊落，不在背后说朋友

坏话，不做小人之事，是保护自己最好的方法。

　　但是，生活中却还是有人一再犯与狼一样的错误，他们总是喜欢在背后说别人的坏话，结果是自己搬起石头砸了自己的脚。

　　"嘿，我告诉你，丽娜这次提升没有希望了。"在酒吧里，王琴见丽娜去卫生间了，便低声对其他人说。

　　"为什么？"

　　"她这个人呀，脾气不好，又傲慢清高，上次肖总在会上对她的销售方案大加赞扬后，她就开始翘尾巴，不知天高地厚了。这不，刚得意没几天，听说就被肖总知道了，肖总把她叫去，狠狠地训斥了一顿呢……"

　　"是吗？你的小道消息好像不准确吧。"就在王琴神秘地低语，其他几位同事听得出神时，她们谁也没注意到丽娜已从卫生间出来了，就站在王琴的身后。

　　"我……我……"王琴显得非常尴尬。

　　"肖总的确找过我，但不是批评，而是……"说到这里，丽娜随手从自己的包里拿出一份材料，递到了王琴面前说："看看吧。"

　　王琴一看，就傻眼了。原来，这是一份任命丽娜为销售部经理的任命书。

　　"我本来不想用这种方式告诉你们这件事的，但是你太让我失望了。"丽娜说完，鄙夷地看了一眼王琴，转身走出了酒吧。

　　如果你想获得真正的友谊和朋友的长久信任，就应该在自己的语言里加点蜜，而不要做背信弃义的人。当然，在结交朋友时，会说话的女人也不会一味地相信与对方的友谊。如果对方是一个别有用心、居心叵测的人，那么这种友情随时可能被玷污，所以你必须谨慎从事，多设几道防线，预防"朋友"的恶意中伤，这对自己只有好处，没有任何坏处。常言道："逢人只说三分话，未可全抛一片心。"

主动道歉，化解误会

朋友之间在沟通时，如果使用含糊不清的词语或替代词，就有可能造成对方的误会，从而影响两个人之间的感情。因此，会说话的女人都会注意到这一点。但在生活中，大多数人还是由于种种原因，在与朋友说话时因为使用了不恰当的替代词，从而造成了误会。被人误解时，受委屈的一方往往只顾生气、怨恨，而常常忘了自己最应该做的事是向对方解释清楚。惟有如此，误会才能消除，双方之间的感情也不会因误会而受到伤害。

年轻小伙子郑兵打算为新认识的女友利娜买一个生日礼物。他们交往时间不长，郑兵经过仔细考虑，认为送一副手套再合适不过了，又不显得过分亲昵，而且经常使用，很容易就能想起送礼物的人。

下午，郑兵去商店买了一副白色的手套，让女友的妹妹利颖带给姐姐。利颖又给自己买了一条内裤。在回家的路上，利颖把两个物品弄颠倒了，结果把自己买的内裤送给了姐姐。

当晚，郑兵一回到家里就接到了利娜的电话，利娜说："你为什么买这样的礼物送我？你太让我失望了。"

郑兵的心情很好，没有听出来对方的怒气，他高兴地说："利娜，我之所以选了这个礼物，是因为我注意到你晚上和我出门时总是不戴它。我没有给你买长的，因为我看利颖用的是短的，很容易脱下来。它的颜色非常浅，不过卖它的女士让我看她用的同样的东西，她说已经3个星期没洗了，但一点都不脏。我还让她当场试了试你的，它看上去好看极了……"

利娜气愤地脱口而出："神经病！"

满心欢喜的郑兵猛然听到这三个字，当时就懵了，马上从快乐的巅峰跌入失望的深渊，继而大为恼火，他想不到女朋友竟然如此对待自己的一片好心。

于是，郑兵也对着话筒大吼道："你才神经病呢！有什么了不起的？不喜欢我的礼物可以扔掉呀，干嘛还骂我？"说完，把电话摔在了地上。

两个原本相互爱慕的年轻人因为这个小小的误会而转为相互埋怨、恼怒，直到最后草率分手。为什么恋爱的双方会产生误会呢？粗心的利颖固然有一定的责任，但是当事双方说话含糊也是主要原因。在电话中，双方都以为自己话中的"礼物"非常明确，所以，都没有说出来，结果闹出了笑话。

那么，出现误解后如何化解呢？谁能放下怨恨的包袱，迈出关键的第一步至关重要。当一方主动道歉时，另一方应该放下成见，心胸豁达地接受对方。这样，一段美好的感情就不会因误会而产生怨恨，由怨恨而分手了。

以下两点是朋友之间有了矛盾，需要向对方道歉时的建议：

1. 先说你很抱歉

当你先说你很抱歉的时候，对对方来说，这就表示你愿意倾听他的抱怨。简短地向他说你抱歉的原因，不要做任何解释，越简短效果越好。

2. 认真倾听他的反应

向对方说抱歉，表示你关心他的感受，愿意倾听他的表达。一旦他表达完了，千万不要向他解释或与他争辩。他需要的只是一个忠实的听众，如果他还有更多的话要说，就让他说得痛快。当然，听对方抱怨不是一件容易的事，只要你尽力去做就可以了，毕竟一时的忍耐可以换来长久的愉快。

第三章

八面玲珑，决胜职场的口才秘笈

身在职场、同处一室，同事们在一起的时间最长，谈话可能涉及工作和工作以外的各种事情。如果说话不合适，常常会带来很多不必要的麻烦。谈话也是一条联系上下级关系的重要纽带。作为下属的你一定要重视和领导的谈话，把握住分寸，这样才能赢得上司的赏识。所以，在办公室里，会说话的女人从不乱说话，如果说就要说得合适，这样，说者与听者都会心情舒畅、工作好做、更有人缘。

口有遮拦，不该说的就不说

君子有所为、有所不为，君子的嘴也一样，有所言、有所不言。共同语言一多，言谈之间就会忘乎所以，甚至口无遮拦，有时可能会让人听了不高兴。对聪明的女人来说，尤其值得引以为戒。有这样一个故事：

小雪刚来公司不久，带她的王姐不仅教她相关的业务，而且熟悉后还帮她介绍对象，让她感到心里特别温暖。一天，在办公室里午休的时候，王姐跟她说起了单位里的一些事。

"咱们单位里，人际关系可复杂了，"她边说还边瞥了一眼周围的人，然后神秘地对小雪说，"李主任是托关系进来的，据说是经理的远房亲戚，整天趾高气扬地对待下属，有什么可牛的，不就是会拍拍马屁吗？那个秘书小赵，一看就是个狐狸精，听说跟单总勾勾搭搭，喜欢到领导那儿打小报告，咱们得防着点儿啊！……"

王姐叽里呱啦地说了一通，几乎把单位的所有人都说了个遍，但没有一句好话，全都是乱七八糟的事，说完还严肃地对她说："这些话我只跟你一个人讲，千万不要对别人说啊！"小雪一边木木地点头，一边心想："既然不信任我，为什么还对我说这些呢？"

经过一段时间的观察和了解，小雪发现王姐在单位的人缘并不好，大家都说她管不住自己的嘴巴，"八卦"得很，就是单位里传播是非的大喇叭。王姐的那句"千万不要对别人说"乍听起来好像把小雪当成自己人，什么事都跟她说，但说不定一转身就会把小雪出卖了，再说小雪的坏话了。

其实，在我们的生活中经常能听到这句话："告诉你一个秘密哦，千万不要对别人说，我只告诉你。"这种话千万不要听，因为正所谓"己所不欲，勿施于人"，既然自己不想保守秘密，又怎能要求别人保守呢？这种做法真的是太荒谬了！

哲人曾说秘密就像一个俘虏，放走了俘虏，那就只能严惩看守。因此，在人际交往中，聪明的女人最好不要做"透明人"，应该收起身后的"小尾巴"，看住自己的嘴巴，保守心中的"秘密"，该说的说，不该说的一定不能说哦！

会说话的女人在与人交往时，时刻提醒自己说话时一定要尊重对方，要讲究语言美，而不是自以为是、盲目自大；应以诚待人，言语中不要评论他人的是是非非，当谈及他人的隐私时，要及时回避，千万不要刻意打探。

摆正位置，勿在人前炫耀

英国的查斯特菲尔德勋爵曾说："如果你想得到仇人，就表现得比你的朋友优越，如果你想要得到朋友，就要让你的朋友表现得比你优越。"一个时时处处炫耀自己、永远把自己放在最高位置的女人，绝不可能受到同事们的欢迎，也绝不会受到上司的赏识。

然而，许多人都由于虚荣心作祟，凡事好逞强，爱夸耀自己，并不管场合、时间，不管对方的心境如何，只要有表现自己"光辉历史"的机会，就绝不会放过。某食品公司的技术员小李就是这样一个人。

客观地说，论技术和工作态度，小李在公司的确是数一数二的，但公司每次进行人事调整或者加薪，小李却总是"被人遗忘"了。究其原因，就是因为她平时的言行"太张扬"，处处想显示自己的高人一等，总是有意或无意地打击同事，因此，尽管她有很好的专业技能和工作能力，却成了公司里最不受欢迎的人。

原来，每天午餐后休息，当同事们聚在一起聊天时，小李总是这样说："我上大学时，整整四年学习成绩都是名列前茅，在实习时，还帮助公司的技术员攻克了一项技术难关。你们不知道吧，我父亲是一家上市公司的老总，不过我没有打算在他的庇护下过日子。这不，大学时我就选择了自己喜欢的专业，毕业后从事自己喜欢的工作。他老人家呀，能管住好几千员工，却管不住自己的独生女儿，你们说，这是不是叫一物降一物呢？……"

刚开始，小李眉飞色舞地吹嘘自己时，同事们还应付地回应几声；到后来，只要她开口说与工作无关的事，大家都保持沉默，不再附和了。可是，喜欢自我陶醉的小李还以为同事们不开口就是在津津有味地倾听呢。

一次，公司给研发部下达了一项任务，让他们在最短的时间内，开发出一种适合年轻女性减肥且对身体没有任何副作用的减肥饼干。接到任务后，小李和另一名技术人员小郑很快就忙开了。他们研究配方，进行功能性试验，做数据分析，在较短的时间内便开发出了新产品。这种减肥饼干投放到市场后，受到了消费者的一致好评。

在公司为此召开的庆功会上，小李竟然得意地对大家说："这次产品开发的成功，其中最关键的配方都是我开发出来的，小郑只是配合我的工作，做了一些数据分析的工作而已。"

小李说完后，坐在前排的总经理的脸上已经显出了不快的神色，同事们都沉默着，然而处于兴奋之中的小李全然不觉，仍然在不停地炫耀自己如何出色……

我们可以想象，如果小李不学会自我反省，不懂得把荣耀和功劳让一点给同事，那么即使她的工作技能再强，公司也不会长久地留用她。因为一个时时处处炫耀自己、永远把自己放在最高位置的员工，绝不可能受到同事们的欢迎，也绝不会得到上司的赏识。

作为职场女性，如果你想在办公室里获得好的人际关系，那么一定要让你的同事表现得比你更优越。让同事表现得比自己优越，是与同事搞好关系的关键。如果你时时强调自己过去的成绩，你的人气指数只会不断下降。所以，聪明的女人绝不炫耀自己、抬高自己！

好为人师不如拜人为师

孔子曾说："人之恶在于好为人师。"这句话的意思是：人最大的毛病在于喜欢当别人的老师。孔老夫子不愧是千古圣人，他一语中的地抓住了人性的弱点，因为生活中的许多人总认为自己很聪明，博学多才、经验丰富，可以成为他人的老师，而且如果不把自己的经验告诉别人或教诲别人，就觉得浑身不自在，心里不舒服。这种人感觉自己如果不能到处"指点江山"，自己的"学识"和"经验"就不会被人知道，也无法赢得别人的尊敬和爱戴。

某公司新来的一位主管第一次主持会议时，态度亲切，表现得非常民主。他诚恳地对大家说："虽然我在这一行干了20多年，但是在工作中一定会有不足之处。在今后的工作中，本人出现的不足之处与缺点，希望大家能直言相告，我一定虚心接受，拜托了！"会场鸦雀无声，大家都低着头，没人站出来提建议。

第二次会议上，主管再次重复那些话，行政部的雪娟终于鼓足了勇气站起来说："我认为公司在管理上存在较大的漏洞，而且公司的制度也极为不合理，只有惩罚条例，却没有建立奖励机制，这样的管理将会造成大家由于担心处罚而在工作中墨守成规，不敢有丝毫的创新，而一个公司如果失去了创新精神，就不可能有竞争力。没有竞争力，公司也就不会有很强的生命力……"雪娟慷慨陈词，说的话都是员工们想说又不敢说的心里话。因此，当她话音刚落时，会场立刻响起了热烈的掌声。当会场安静下来时，主管当场对雪娟大加赞扬了一番，并鼓励她以后可以多提建议，雪娟激动得连连点头。

雪娟见主管心胸开阔、善于纳谏，便热情高涨。在以后的日子里，雪娟每次开会时都要提出几条建议。除了工作上的建议之外，她也开始针对主管个人的言行提出一些诚恳的建议。在年终进行人事调整时，大家都以为雪娟一定会被提拔为行政部副主管，但是出人意料的是，她被安排了一个闲差，从此再也没有机会在开会时提建议了。

事实上，处处"好为人师"是一种不成熟、不明智的做法，由于每个人都有"自尊"，都有"虚荣心"，因此，"自我"是神圣不可侵犯的。因此，职场女性要时时提醒自己：不要露骨地指出别人的错误，否则对方会明显地感到自我受到了侵犯。如果在工作中你显得过分热心，就会被对方认为你是在否定他的智慧，甚至会被认为是在故意揭他的短或者抢他的功劳。总之，对方对你的"指点"是反感而不是感激。

所以，聪明的女人知道，在很多时候从上级或其他人口中说出的"敬请批评指教"，事实上是一句应酬话，我们应该时刻保持清醒的头脑，不要轻易去"指教"别人，即使在别人的一再要求下，也应该谨言慎行。

"好为人师"是人际关系中不和谐的音符，尤其是当你面对自己的上司、同事或者不太熟悉的朋友时，好为人师总会遭到许多猜忌，甚至是怨恨，于人于己都不利。所以，与其好为人师招惹麻烦，倒不如去拜人为师，以助自己成长。

发牢骚不如管住嘴

　　牢骚是每个人前进路上最大的绊脚石。身在职场的女人们一定要懂这个道理。如果管不住自己的嘴总是发牢骚，那么不但你会被人厌烦，而且因为你的言辞也会给别人带来极坏的影响。

　　牢骚也是员工中最常见的话题。下班后，三五个同事相伴回家，谈论最多的恐怕就是职场里的是是非非。经常有人这样发牢骚："这个破公司简直没法干了，我要辞职！"其实，这样说的人并不会真去辞职，明天依然照常上班，但他还会再说上面的话。其实，他想要表达的并不是"辞职"本身，而是在传达一种对工作厌倦、对公司不满的态度。我们不妨把这种人称为"职场病毒携带者"。只是，很多人并没有发现这种人给其他员工带来的潜在危害。

　　还有一种人，如果在工作中有些问题偶然被领导发现，这个问题很可能并不是由他直接造成的，有可能是因为他的搭档的疏忽，但他并没有及时发现。可是，被领导批评的人偏偏是他。这时候，他觉得自己没错，感觉很委屈，非要向领导讨个说法不可。于是，在他和领导之间的辩论不可避免地发生了。但是，公司的领导是强势的一方，如果在争论中不能说服领导，往往就会产生牢骚满腹的情况，他就变成了"病毒携带者"。所以，职场的资深人士常常这样感叹道："在公司混，一定要管住自己的嘴。"

　　李丽珊是一家合资公司的市场部经理，她说自己以前也是一个爱发牢骚的人，因为所在公司是一家合资公司，所以合资的方式对她在市场销售的经营理念方面造成了很大冲击。对公司的种种变革，李丽珊说自己像"温水煮青蛙"那个故事里的青蛙一样，在公司变革之初自己并没有感觉到任何变化，但随着公司内部变革的不断深入，自己受到了很大的冲击。

李丽珊以前只是大专学历，除了之前的工作经验外，多年来她没有在专业知识上进行充电，面临着被时代与公司淘汰的危险。虽然李丽珊是老员工，但是除了努力提升自己之外，她别无选择。

李丽珊说自己当时也是牢骚满腹，但是发过牢骚后，形势并没有任何改观。无论是同事还是上司，都对自己的状态表示不满。之后，她不断反思，公司进行的变革是适应必然的行业发展潮流，自己如果想在公司所提供的事业平台上有所作为，就要与时俱进，不断调整和更新自己的知识结构，提升自己的心理承受能力。只有这样，才能在下一步发展和竞争中抢占先机，所以牢骚满腹实在是要不得的。

一番反思后，李丽珊下定决心，工作还是要做的。她从改变心态入手，嘴巴闭紧了，行动更快了，从一个满腹牢骚的抱怨鬼变成了一个脚踏实地的行动家。

面对李丽珊的变化，公司的领导也非常吃惊。没过多久，有一位副总提出了提拔李丽珊的建议，他的建议也得到了其他高管的一致认同。后来，李丽珊总结经验时说，牢骚是前进路上最大的绊脚石，如果你不能搬开这块石头，就一定会被绊倒，摔得鼻青脸肿。

所以，会说话的女人若想在职场发展中一马平川，就必须跨过牢骚这块绊脚石，千万不能整天牢骚满腹、喋喋不休。身在职场，如果看到那些爱发牢骚的人，一定要劝他们不要这样，因为用牢骚来解决问题的人实在是愚蠢至极的。

别在人前责怪同事

　　虽然在企业里的职位有高低之分，但不同人的人格是平等的。每个人都有尊严，不容侵犯。如果在工作中，你不愿承担责任，而总是责怪同事，或用苛刻的言辞贬低他，或对他无意的失误耿耿于怀、啰啰嗦嗦地批评，这些言行都会伤害到同事的自尊心。此外，即使你是一番好意，是真心想帮助落后的同事进步，那么在与他们谈话时，你也不要用责问的语气，否则不但会事与愿违，而且你也会因自己的言辞不友好而得罪同事。要知道，办公室就是一个小社会，鱼龙混杂，什么人都有，因此会说话的女人与其直言得罪人，不如缄口保持沉默，这样能给自己少惹是非。

　　美国前总统林登·贝恩斯·约翰逊，在26岁时被任命为全国青年总署得克萨斯州分署署长。在最初的任职时间里，他的直言不讳给自己的工作带来了许多麻烦。

　　有一次，约翰逊经过一个同事的座位时，发现桌子上堆满了文件，就故意提高嗓门用严肃的语气说："我希望你的思想不要像这张桌子一样乱七八糟的。"当时同在办公室的人都听得一清二楚。这话使这位同事非常难堪，从此以后他开始对约翰逊有了抵触情绪。

　　后来，在秘书等人的提醒和帮助下，约翰逊意识到了自己的错误，并开始努力改正。他首先向这位同事道歉，并获得了同事的谅解，进而又用同样的行动获得了其他人的支持，并很快提高了自己在同事中的威望。

每个人都有尊严，不容侵犯。保护同事的自尊心，犹如保护自己的名誉一样重要。与同事沟通，不仅不该说刻薄的话，而且要注意以下言行：

1. 要尊重同事。即使自己真的在专业知识、工作技能、工作经验、工作态度上比同事优越得多，我们也不宜太张扬。要尊重他人的意见，特别是一些中肯的意见要虚心接受，不要误认为他人的意见是多此一举，或是向你炫耀他们的实力。

2. 去掉虚荣。不要不懂却非装成专家的模样欺骗同事，更不要在背后说同事的坏话；不要打小报告；不要挑拨同事之间的关系；不要暗中阻挠同事的工作进度。

3. 不要没完没了地抱怨。即使同事在工作中真的有失误，偶尔抱怨一两句不为过，但如果一味抓住"小辫子"不放，什么时候都拿出来议论，或是把其他过错都推到同事身上，则是一种不受人欢迎的行为。

装糊涂，留面子

古语说："君子藏器于身，待时而动。"会说话的女人经常省察自己。要知道：贬损他人并不能抬高自己的身价，反而会让别人对你嗤之以鼻，会为你树立很多敌人，因为你的做事方式实在令人生厌。

其实，在社交场合有时说什么并不重要，重要的是怎么说，你的表情、语气、语调都影响着别人对你的看法。会说话的女人之所以拥有良好的人际关系，是因为她谦虚有礼、懂得收敛并尊重他人。她在社交场合和蔼可亲、言语恭敬，即使面对不同的意见也能友善地对待同事，因为她知道那像悄无声息的灯光的影响一样，远比大声喧哗和力气过人更有影响、更有成效。

生活中，我们常常被事情的表面蒙蔽，嘲笑别人的愚蠢，殊不知表面愚蠢的背后才是一种真正的智慧。即使对方错了，我们也应该给他留个面子。在生活中应该学会如何给别人一个台阶，咄咄逼人并不会使别人觉得你有才华，只会让人觉得你没有修养。有这样一则看似滑稽的故事：

一位智者有一天看到两个行赌的人在指手画脚，好像为了一件事争论得面红耳赤、唾沫横飞。

智者问他们在争论什么。原来为了一道算术题，胖一点的人说三七等于二十一，瘦一点的坚持说三七等于二十二。双方各持己见，争论不休，以至于差点儿动起手来。最后，两人决定请一个智者作裁定，如果谁的答案正确，对方就将一天赌赢的钱币交给胜者。

这时，智者来了，二人请智者裁定。智者竟然让认为三七等于二十一的人将赌赢的钱币交给说三七等于二十二的人。这个人拿着对方的钱币走了。

面对如此裁判，胖一点的人不答应了，他气愤地说："三七二十一，这是连小孩子都知道的事实，你是智者，却认为三七等于二十二，看样子也是徒有虚名罢了！"

智者笑道："你说得没错，三七等于二十一是小孩子都不争论的事实，你坚持真理就行了，干嘛非要与一个根本就不值得与其认真的人讨论这种不用讨论也再明显不过的问题呢？"

胖一点的人似有所悟，智者拍拍他的肩膀，说道："那个人虽然得到了你的钱币，但他却得到一生的错误；你是失去了钱币，但却得到了深刻的教训！"

这个人听了智者的话，深信不疑地点了点头。

有时候对于大家都知晓的真理，我们没必要太过计较，真理不会因为某个人的观点而改变。当自己的意见不被别人接受时，我们完全可以心平气和地保留各自的意见，而用不着大吵大闹、态度生硬，甚至伤害别人。聪明的女人做的就是不受别人的影响，始终坚持真理。

本杰明·富兰克林说："如果你与人争论和提出异议，有时也可取胜，但这是毫无意义的胜利，因为你永远也不能争得发怒的对手对你的友善态度。"真正有智慧有修养的女人是不会轻易跟别人通过争吵来抢占上风的，因为这样做直接打击了他人的智慧、判断力、荣耀和自尊心，会使他想反击，但决不会使他改变主意。因此，对于一些很明显的道理，聪明的你不要在意别人近乎荒唐滑稽的观点，偶尔装装迷糊，有时反而是最好的选择。那么，想让不同的意见不致演变为争论，下面的建议或许对你有帮助：

1. 欢迎不同的意见

记住这句话："当两个伙伴意见总是相同的时候，其中之一就不需要

了。"如果有些地方你没有想到,而有人提出来的话,你应该表示衷心感谢。不同的意见是你避免重大错误的最好药方。

2. 不要相信你的直觉

当有人提出不同意见的时候,你第一个自然的反应是自卫。你要慎重,要保持平静,并且审查一下你的直觉反应。

3. 控制你的脾气

记住,你可以根据一个人在什么情况下会发脾气的情形,测定这个人的度量究竟有多大。

4. 耐心听完

让你的反对者有说话的机会,让他把话说完,不要抗拒或争辩,否则只会增加彼此沟通的障碍。努力建立理解的桥梁,不要再加深误解。

5. 寻找同意的地方

在你听完了反对者的话以后,首先去找你同意的意见。

6. 要诚实

承认你的错误,并且老实地说出来,为你的错误道歉,这样有助于解除反对者的武装和减少他们的防卫。

7. 仔细考虑反对者的意见

真心愿意考虑反对者的意见,给双方一个机会表示友好与合作。

8. 为反对者关心你的事情而真诚地感谢他们

任何肯花时间表达不同意见的人,必然和你一样对同一件事很关心。把他们当作真心帮助你的人,或许就可以把你的反对者转变为朋友。

不要把话说得太绝对

为人且说三分话，未可全抛一片心。尤其是身在职场中的女性应该注意把握说话的尺度，不要把话说得太绝对，以免出现"自打嘴巴"的尴尬局面。

经理把一项采购任务交给小陈，这项采购工作相当有难度。经理问她："有没有什么问题？"她回答说："没问题，一定能出色地完成任务！"过了三天，没有任何动静。经理问她进度如何，她才如实说："没有想象中那么简单！"虽然经理同意她继续努力，但工作的进度远远低于经理的要求和目标，经理对她的印象也因此大打折扣。

王冰是公司的一名员工，最近和同事闹得不愉快。气愤万分的她对同事说："从今天起，我们断绝所有关系，彼此毫无瓜葛……"

话说完还不到两个月，她的同事成了她的上司。王冰因为自己说过太多绝对的话，最终只能无奈地辞职了。

言多必失，酒多必危。在交谈中，你把话说得过满，就会把所有信息展现给他人，自露不足。还有一则小故事：

一个年轻人想到大发明家爱迪生的实验室里工作，爱迪生接见了他。这个年轻人为表达自己的雄心壮志，说："我一定会发明出一种万能溶液，

它可以溶解一切物品。"爱迪生便问："那么你想用什么器皿来盛这种万能溶液呢？它不是可以溶解一切吗？"

年轻人正是把话说绝了，才陷入了自相矛盾的境地。如果把"一切"换为"大部分"，爱迪生便不会反驳他了。

把话说得太绝就像把杯子倒满了水，再也滴不进一滴水，再滴进去水就溢出来了；也像把气球灌吹得太鼓，再也灌不进一丝空气，再吹就要爆炸了。当然，也有人话说得很绝，而且也做得到。不过凡事总有意外，使事情发生了变化，而这些意外并不是谁都能预料的。话不要说得太绝，就是为了容纳这个"意外"。会说话的女人总是说话留有空间，就不会因为"意外"的出现而下不了台。

我们在说话时应该注意以下方面：

1. 与人交恶，不要口出恶言，更不要说出"势不两立"之类的话。不管谁对谁错，最好是闭口不言，以便他日需要携手合作时还有"面子"。

2. 对人不要太早下评断，像"这个人完蛋了"、"这个人一辈子没出息"之类的话最好不要说。人一辈子很长，变化很多，不要一下子断定"这个人前途无量"或"这个人能力很强"。

当然，有时把话说得绝对也有实际的需要，但除非必要，否则还是保留一定的空间给自己，既不会得罪人，也不会使自己陷于被动。

请你的上司多指点

有个朋友曾当过几年兵，在他服役受训的时候，打扫营区是他每天例行的工作。但奇怪的是，无论他们怎么努力打扫，几乎连厕所的瓷砖都擦得透亮了，等到营长来巡视的时候总还要说哪里不够干净，哪里还需要加强，这让他非常不快。打扫营区如此，保养武器也是如此，营长总是能找出他们的"毛病"。

几年后，他就要升为连长了，在此之前，营长为他揭晓了谜底。营长说，如果营长每次都满意，士兵就会慢慢地产生懒惰的情绪；此外，没毛病也要找出毛病，是为了凸显营长的权威，以方便领导统御，不让士兵觉得你好说话而敷衍你。

当上连长之后，这位朋友灵活运用了营长的领导哲理，发现效果还真是不错。

当然，在社会上做人和在部队里带士兵是不一样的，军队讲究的就是服从，而在社会上就不一样了。做上司的如果没有毛病还要挑毛病，那么他的威信不但不能树立，而且不会干得长远。

每个人工作的目的之一都是为了生活，当上司的也不例外。你害怕丢工作，害怕被"炒鱿鱼"，害怕不被信任，上司的心情其实和你完全一样，只不过他的害怕与你的还是有一些不大相同，因为他还要带领下属，而下属就是他担心和害怕的原因之一。你的能力太强时，当上司的为了"安全"，也为了他的"江山"，会不断地打击你，挑你的毛病，搁置你的计划，阻

断你向上沟通的渠道，甚至恶意地挑拨你和其他同事之间的关系；你的能力不强时，他怕做不好工作要承担后果，影响他的领导地位。总而言之，如果你是一个受人领导的下属，那么领导找你的毛病总是有办法的。

所以，对于职场女性来说，与上司相处是一门必须掌握的学问。如果运用得好，可以少受很多气，少走许多弯路，也有助于事业的发展。与上司相处的关键就是多给他们留点儿空间，具体做法如下：

1. 事情不要做得太完美。最好在不是很重要的地方犯个小错误，或者留下一点缺憾，让你的上司来"指点"一番。能找出毛病来"指点"，表明上司的能力比你高，那么他就放心了。这样，下次更完美地完成自己的工作，也会给上司留下一个好印象。

2. 时时虚心向上司请教。即使你懂的比你的上司多，你还是要尊重他，和他讨论某项计划时，请他给你一些"指点"，按照他的意见和建议做。这样的情形，上司看了之后当然会放心了。

3. 不要忘记称赞你的上司。下属需要上司的称赞，上司其实也需要下属的肯定，尤其是在上司的上司面前。你的称赞除了表现你的服从，而且间接替你的上司做了公关，他当然会非常高兴。

上司面前，慎用性别魅力

性别魅力要用得恰当，用过了就会给异性错误的暗示：他爱上我了？

玛丽是一家外商独资企业的经理助理，她的职位和收入足以让其他人心生嫉妒。对于自己的现状，玛丽也兴奋和自豪了很长一段时间。她以前是一位高中教师，由于不满于自己的经济状况和工作的辛苦劳累，毅然决定改行进入外企做秘书。姣好的面容、苗条的身材和高贵的气质，加上逼人的女人味，玛丽很快实现了人生的突破，不仅跨入了外企的大门，而且深得老板重用，在短短的半年时间里就到了经理助理的位置。对于玛丽的成功，公司里的其他同事不以为然，认为她不是靠自己的真才实学获得提升的，但玛丽却把这当作是别人的羡慕或者嫉妒而已。她在心里暗想："专业技能算是实力，为什么性别魅力不可以利用呢？"所以，当经理对她说一些放肆或者挑逗的话时，她的态度总是很含糊，甚至有时故意施展她的女性魅力想把老板搞定。开始，她似乎一切顺利，备受老板欣赏，得到的红包和小礼物也不少。

但是，天下没有免费的午餐。经理的不规矩不断升级，说话越来越露骨，行为越来越不检点。玛丽实在是心不甘情不愿，毕竟曾经做过教师，骨子里总是有那么一种清高。不过，因此而放弃这么一份人人艳羡的工作，着实让她不舍。她有很长一段时间总失眠，坐在办公室里提心吊胆，担心经理进来"施加压力"，忐忑不安，一时犹豫不决。

　　玛丽遇到的尴尬，究其原因，是她滥用性别魅力的恶果。心理学研究的确显示"异性相吸"的心理，但是如果不把握好分寸，吸引力过度，就会给自己带来很多麻烦。所以，对玛丽来说，首先要反思一下自己的价值观存在的问题，认清是自己的尊严重要还是好工作重要。其次，如果自尊重要的话，就应该吸取之前的教训。这份工作做不下去可以另谋高就，相信凭借自己的实力一定会拥有更好的发展。

　　另外，作为一名下属，一定要做好自己的本职工作，而对老板的私事尽量少关注，以敬而远之的态度对待即可。支持上司也只能表现在工作上，不断提高自己的业务能力是站稳脚跟的关键，性别魅力只能昙花一现，用不好甚至会麻烦不断。所以，作为一名职场女性，一定慎用你的性别魅力哦！

第四章

轻启朱唇，温情的口才征服男人的心

　　婚姻本身不是目的，幸福的婚姻才是目的。男人、女人都是婚姻里的修行者，幸福的婚姻更需要女人的好口才。许多女人都以为结了婚就是一家人了，当然可以想说什么就说什么。然而逞口舌之快的后果却是丈夫早已同床异梦了，女人压根儿不知自己错在哪里。可见，在婚姻的殿堂里，话是不能随便说的。有人说，好男人是夸出来的。这话确有几分道理。会说话的女人无论说什么丈夫都爱听，她们真的有什么秘笈吗？

甜言蜜语升温爱情

已经走进婚姻殿堂的女性，你到底是一个好女人还是一个差女人呢？我们经常听到的抱怨是："我把心都掏出来给他了，他怎么能这样对我呢？"其实，女人爱男人，看重的往往是男人对自己好不好，而男人爱女人，看重的却常常是这个女人可不可爱。可爱的话，你的一举一动都会令他神魂颠倒，说什么都是好的；不可爱的话，说得再多都没有用。所以，一个会说话的女人经常对自己的爱人说："我爱你"、"我想你了"。

并不是只有女人才需要甜言蜜语，很多男人有时更喜欢听到甜言蜜语，毕竟男人也有柔情的一面嘛！无论对男人还是女人来说，甜言蜜语在生活中都是必不可少的，它能令你们的爱情迅速升温，使你们幸福一生。

梅和宇是分隔两地的新婚夫妻。还处在热恋之中的两个人，本来就是"一日不见，如隔三秋"，暂时的分离对他们来说确实是一件痛苦的事情。所以，每天甜言蜜语的"电话粥"是生活中的必须。看下面的一段对话：

梅：你在做什么呢？

宇：给你打电话啊！

梅：我知道，想不想我啊？

宇：当然想了，时时刻刻都想！

梅：你不是在骗我吧？

宇：没有啊，我想你想得睡不着觉！

梅：我也想你！

宇：别这样。亲爱的，我很快就要回去看你了，别太想我啊！保重身体！

梅：亲爱的，你也要注意身体啊！

会说话的女人经常在家里制造一些充满爱意的幽默，营造愉快的家庭氛围，使家庭时刻充满着欢声笑语。

一对夫妻因为一点小事逗闷子。丈夫赌气不吃饭，坐在一边看电视，也不搭理妻子。幽默的妻子一看，微笑地哄着丈夫说道："生气的人老得可快啊！愁一愁白了头，你想弄个老夫少妻吗？"丈夫被妻子的几句话逗笑了。妻子接着说："这就对了，笑一笑十年少，笑十笑老来俏！"丈夫的怨气顿时被抛到了九霄云外，俏皮地说："哼，贫嘴，再说当心我休了你！"两个人的心里都是美滋滋的。

不要小看了这些鸡毛蒜皮的小事，稍有不慎，婚姻的堤坝就会倒塌、崩溃。如果女人掌握了其中的微妙变化，或许你能与丈夫的关系更融洽，何乐而不为呢？也许你会问，女人到底该怎样说甜言蜜语呢？

1. 把指责变成提醒

苏格拉底说，男人活着靠健忘，女人活着全靠牢记。男人通常会把芝麻小事忘得干干净净，这引起了女人的极度不满。男人忘掉的往往正是女人在意的。你看，结婚纪念日是我们一生最重要的日子，怎么能忘记呢？我的生日在结婚前他怎么不忘？是不是结婚后就忽视我的存在呢？此时女人的联想力超强，常因此与男人争吵不休，着实让很多男人头疼。男人们非常纳闷，难道就没有比记忆这些小事更重要的事情做吗？男人如果和女人一样的话，那还是男人吗？

所以，女人，如果你知道他忘性大，不要生闷气，而要提醒老公，今天是个特殊的日子吧。把指责变成提醒，应该会更好一些。表达自己内心

的需要，是让对方知你、懂你，引起情感共鸣，而不是逼对方就范，把失望变成攻击，造成隔阂。

会说话的女人这样说："亲爱的，今天我的生日怎么过呢？"或者说："老公，今天我生日，我请你？"这样一说，总比埋怨他产生的效果好得多。即使他真的忘记了，下次一定会补偿你。而你无端的指责或痛斥，只能让你们的关系变得更糟。你不但得不到老公的呵护、生日的祝福，还被气得肚子鼓鼓，这又何苦呢？

2. 对不起老公，我错了

女人的通病是在小事上斤斤计较，结果两个人的感情裂痕越来越深。他不搭理你，你又冷漠他，这一对水火不容的冤家就要分了。

古印地安有句劝世语："不要批评人，除非你穿着他的鞋子走了一里路。"以对方的观点去审视冲突本身，以对方的视角看问题，你会发现他这样做有充足的理由。如果这样想，你的怨恨就会减少。如果战争爆发后，要学会妥协，坚持原则问题，小事让步，女人会受益匪浅。

夫妻之间的伤害、敌视，如果不从小处修补，就会变成大的裂痕。如果无意伤害对方，就该心怀宽容。会说话的女人这样做：进行一次倾心的交谈、一句真诚的道歉、一个温柔的抚摸，都可以吹散矛盾的阴霾。

3. 我们都有自由

"亲爱的，我也有秘密，有个人自由。"你听过这段话吗？你对另一半而言，并不是一本翻开的书，什么都坦言会令你筋疲力尽。

大家都是成年人，没必要把对方当作孩子来挑战思维空间。只有这样，你才能掌控自己的命运和生活，你有你的社交，我有我的追求。只有这样，你会发现，老公产生了危机感，他不再认为你是那个围着老公和孩子转的家庭主妇，还有自己的爱好，读书、美容、健身、会友、听音乐，这样的女人更有魅力。

这不但使老公更有面子，而且他更愿意和你在一起。当你有了自信，不再依赖老公生活后，你会发现，自己不再一味地索取，而且会过得非常快乐。

甜言蜜语并不一定都挂上"爱"字，真诚、关切、关怀、祝福、鼓励的语言同样饱含深深的爱意，都是双方愿意听到的。所以，会说话的女人记得在爱人生日的时候送上一份小小的礼物或者一束鲜花，并附上一张小小的卡片，写满想对爱人表达的感激之情和祝福之意，这样的爱情能不永远灿烂如花吗？

没有沟通，畅通无阻不太可能

夫妻之间的感情交流犹如呼吸对于生命的重要。即使再繁忙的夫妻也要尽量找到促膝谈心的时间，可以是几句问候，可以说说新闻热点、娱乐资讯，也可以随心地聊天。不管是哪种形式，这种交流一定会为双方的感情锦上添花。

丈夫飞特别喜欢看球赛，而且是逢球必看、奉陪到底，而妻子玲更愿意安静地坐在一旁边织毛衣，边听丈夫大喊大叫，并把飞的嗜好笑称"小孩子的把戏"。后来两个人认识到，夫妻之间需要加深理解，妻子要进一步理解丈夫的嗜好，丈夫则应帮助妻子加深理解。于是，在吃过晚饭后为了能一起观看球赛，飞尽管非常厌烦刷洗碗筷，但他总会走进厨房帮妻子收拾，然后两个人坐在一起边看边谈球赛。

当然，这只是生活中一个毫不起眼的细节，他们不但解决了矛盾，而且分享了快乐，共同驱散了笼罩在其婚姻上的阴霾。再看看另一对夫妻各执己见的争执。

茉莉想到夏威夷去度假，一想到那里丰盛的美味、豪华舒适的宾馆、尽情潇洒的娱乐场所和美丽迷人的自然风光，她的心头便涌来一股激情。然而她的丈夫海洋，却是吃够了美味。他每天不得不在外应酬，从早吃到晚，舞厅酒家对他来说一点都不稀罕。豪华宾馆在海洋眼里跟他的办公大楼没有任何差别，他已经花费了太多时间等电梯了。他更需要一个充满教育意义和文化的旅行，到意大利开始一段随心所欲的旅程。

因此，茉莉和海洋吵了起来，吵架的程度越来越猛烈，而且距离假期越近，他们之间的矛盾就越尖锐。他们就这样唇枪舌剑地你争我斗。这其中包含一些面子因素，双方更是相持不下。他们不是你要求来，我要求去，就是你必须在什么条件下让步，我只能在什么条件下妥协。口头辩论成了他们饭后讨论的焦点，而且他们似乎有些陶醉，忘记了双方的利益、需求和共同点在哪里。

各持己见地进行争执的结果就是两败俱伤，因为他们找不到双方的共同点，没想过只要各让一步，就能海阔天空。其实，他们完全可以把力量用在协调上，想出一个大家都能接受的方案就可以了。

为使夫妻的感情沟通畅通无阻，更有意义地进行思想交流，会说话的女人选择在生活的各个方面与丈夫求大同、存小异，力求缩短彼此之间的心理距离。如果妻子与丈夫在子女教育的问题上存在分歧，妻子主张以"爱"为主，丈夫主张以"严"为主，但在"必须对孩子进行教育而不能放任自流"这个大是大非的问题上，双方应该意见一致。这样做不仅有益于子女的健康成长，而且有助于夫妻关系的协调发展。

家外不做"河东狮"

在现实社会中，由于受传统观念的影响，中国人往往赋予男人极高的期望值——男人要肩负起"兴国富家"的重任，而这个重任增强了他们的自尊感和成就欲，形成了他们爱面子的秉性。

男人对妻子有个不高的要求，在家里他可以得"妻管严"，可以成"床头跪（柜）"，但在外人面前妻子必须表现出应有的尊重。这种爱面子的虚荣心，男人都有，个中道理非常简单：如果一个男人被人知道在家里抬不起头，在外面也只有做奴隶的资格。男人对付河东狮吼的女人往往皱眉头疼，可是为了面子，摆脱尴尬，男人会说："好男不跟女斗，男人不和女人一般见识。"

反观女人虽然爱面子，但不至于像男人那样委屈自己。女人可以流泪，可以在心爱的人面前撒撒娇，男人就会给予安慰或鼓励，而男人就不能这样了，那会使他们感觉很没面子。当然，自尊心对女人来说同等重要，男女应该平等，但在情感上，男人恐怕比女人脆弱得多。假如男人有一次失败或者一次失败的婚姻，估计有极少的男人能很快地从阴影中走出来。而女人，虽外表柔弱，但内心坚强，在感情失利问题上，比男人更容易摆脱。

所以，一定要尊重男人。对待男人要有底线，要考虑他们的心理习惯和女人不一样。男人爱面子，男人不容易认错，男人更注重自身的评价，男人更娇嫩。即使男人在家里是"妻管严"、"床头跪（柜）"，但在外人面前女人一定要表现出对他的尊重，毕竟男人能够满足自尊心的地方太少了，女人若不给以照顾，实在是太残忍了。看看下面这位太太：

一桌十几个人的晚宴上，在上了不到两道菜的时候，一位太太就在敬酒寒暄的时候，脱口对邻座的一位太太说："还是你老公能干啊，我老公一个月的收入还不到你老公的一半啊！"当时坐在一旁的先生听到老婆如此直言不讳，脸色立即大变。为了不使场面太尴尬，先生马上起身说道："我的车子暂停在路旁，有被拖走的可能，我去停一下车，一会儿回来。"先生说完就离席了，当然是一走了之，停车只不过是一个离开的借口而已。

如果你的老公在外面跟朋友吃饭很久都没有回家，你非常担心，一定会打电话催他抓紧回来。如果他说："老婆，我正和哥们儿喝酒呢，等会儿回家！"

此时千万不能发火，因为也许老公的哥们儿正在听你们的谈话呢。会说话的女人这样说："知道了，老公！我正担心你呢，回来时一定要小心啊，注意安全！无论多晚，我都等你回来啊！"

如果你这样说，这样的话一定会在朋友面前为老公赚足了面子，也许他挂了电话就会向朋友炫耀说："我老婆什么事都听我的，我说一她都不敢说二。"

也许回到家后，你的老公会说："谢谢老婆，今天给我面子。"如果他嘴上不说，但在心里一定很感激你。

面子问题可不能小瞧，尤其是男人更要面子。在现代社会中，恋人或夫妻经常会一起参加社交活动。在这时，女人一定要注意，千万不要仗着他爱你，你就颐指气使，对他大发雷霆，使他陷入尴尬。会说话的女人尽量做陪衬红花的绿叶，他会因此感激你而更爱你。

唠叨，潜伏在婚姻里的杀手

唠叨是夫妻之间的感情杀手。女人在结婚前，大多对婚后生活、夫妻关系等充满幻想和期望，而且这些幻想和期待往往会非常不切实际。然而，结了婚之后，才发现想象的婚姻生活和事实的差别非常悬殊。于是，女人们产生了强烈的失落感，为了排遣心中的不满，便开始了没完没了的唠叨。

王刚是一位大学老师，结婚已经八年了，深深体会了一个女人的改变。他平时喜欢写写文章，投稿到各家报纸杂志，然而妻子的唠叨声总是不绝于耳，自己最渴望的宁静就这样被打破了。他被弄得心烦意乱，提笔想写的热情被这样的唠叨声浇灭了。

他终于想出了一个好办法。妻子不爱早起，他就早早地爬起来，悄悄地溜到书房进行创作。那是他一天中最快乐的时光，静静地沉浸在自己的世界里享受创作的乐趣，无人打扰。他每天都默默地祈祷，让妻子再多睡一会儿吧。

可是，还没等他打完500个字，卧室里就传来了妻子的唠叨："就这样起早贪黑地写，能写出什么惊天动地的作品啊？"他的不满也爆发了，生气地说道："能不这样打击我吗？少说一句不行吗？你的唠叨声早晚会把我折磨死的……"说着就关掉电脑，拎起背包逃之夭夭了。

有人说："唠叨是一种病，说明你不懂得宽容，没有自制能力和心理承受力，一股脑地把烦恼和不满倒给别人完事。"女人的唠叨真是太可怕了，多数时候女人的唠叨都是不受男人欢迎的，甚至是深恶痛绝的。所以，停止唠叨，别让男人一辈子都生活在你的唠叨声中了，那样他一定会有崩溃的一天。如果你因为对丈夫的不满才不停地唠叨，那么看在你还爱他的份上，不要再用唠叨伤害他了。记住：唠叨是婚姻的杀手、爱情的坟墓！

因为男人有不同于女性的处理问题的方式，在面对重重压力下，他们更愿意选择独处或保持距离，加上女人的指责伤害了他的自尊心，所以，为了逃避唠叨和争执，男人常常选择躲到角落里抽烟或者喝酒。会说话的女人从不唠唠叨叨地没完没了，她们往往会采取正确的方式提出不同的意见。

华的丈夫常常对自己不够尊重，有时甚至在朋友面前使她难堪。华一般都是当时忍让，事后发发牢骚，但实在是于事无补。后来，她改变了态度，再遇到这种情况时，她会冷静而坚决地对丈夫说："你不应该说这种没有礼貌的、侮辱人的话，这会令我的朋友们不安的。如果你对我有什么意见的话，咱们回家好好沟通。"如果丈夫仍然不改变态度的话，华会坚持说："我已经提醒你不要这样无礼了，我不想在朋友面前跟你争吵，但我对你的行为表示强烈的不满，我回家去了，以后再谈。"

华通过明确表态的方式抗议丈夫的不良行为，最终丈夫做出了一定的改变。

会说话的女人不爱唠叨，而是正式提出意见和不满。向爱人正式提出意见是使他明确地知道自己的不满，引起注意后进行改正；而唠叨则是宣泄情绪的一种方式，从不考虑这样做产生的效果，当然也不会产生什么好的效果。有些人选择一味地无原则的迁就，不把自己的不满明确地告诉对方，而是事后唠叨、抱怨，这样就使事情更复杂了。

想拥有幸福美满的婚姻吗？那就学学会说话的女人，闭上那张爱唠叨的嘴吧！

恰到好处说"废话"

　　人与人的交谈中总有一些废话：陌生人见面时要说一些礼节性的客套话；朋友好久不见总会寒暄一番；批评的话点要委婉地说出来……这些看似无关紧要的"废话"却是人际关系中不可或缺的工具，会说话的女人经常在婚姻关系中使用它。比如：丈夫正准备出门上班，细心温柔的妻子反复叮嘱："别忘记拿钱包和钥匙"，"今天预报有雨，别忘了带上雨伞。"丈夫不耐烦地说："有完没完啊，年纪不大就这么磨磨唧唧。"试问，妻子当时会怎么想呢？听到这样的话后，她能不伤心和委屈吗？对于这种近于婆婆妈妈的事情，做丈夫的一般都不在意。

　　丽回到家时有些晚，刚推开门丈夫劈头盖脸就是一句："怎么这么晚才回来？"丽可能是遇到了一些麻烦，已经是匆匆忙忙赶回家来的，听完这句话立刻火了，生气地说："我回来晚了关你什么事？管天管地，你什么事都要管吗？"丈夫也火了，赌气地说："是我问错了？你这么晚回来我问问，有什么不对的？"

　　确实，如果把丈夫的话单拿出来分析，没有不对的地方，他想知道妻子丽晚回来的原因，这里包含着对妻子的关心。但问题究竟出在哪里呢？让我们看一下，如果在这些话中加一些无关紧要的"废话"，会有什么不同吗？

　　丈夫说："小丽，你终于回来了。等了你很久了，今天好像有点晚啊……"

说到此处，你不用问，妻子自然就会说出回来晚的原因了。同样是询问晚归的原因，加上几句"废话"收到的效果就大不相同了，使人感到温馨而亲切。

同样，如果丈夫比较直接的话已经说出了口，妻子回答的时候加上几句"废话"也能避免争吵。

这种似乎无关紧要的"废话"，用术语来说称作"冗余度"。处在热恋之中的恋人，需要许许多多这种冗余的话，一言一语、一举一动都能体现出只有对方才能感受到的温情。然而随着时间的流逝，婚后的夫妻生活对这种冗余度的需求减少了，从个人的感觉来说，已是夫妻，再说那些"废话"让人难为情了。夫妻之间事务性的"正经话"越来越多，含情脉脉的"废话"变得越来越少。时间久了，双方都会感到若有所失，渐渐产生了"婚姻是爱情的坟墓"的感觉。

需要指出的是：注意从恋爱到结婚以及家庭生活的不同阶段中对语言交往冗余度要求的变化，有助于夫妻之间保持亲密融洽的关系。

如果夫妻一方有了过失并已认识到的时候，对方不但不能有过多的冗余，而且要比平时更简略些。假设丈夫丢了钱包，妻子听后，只是简单地说："丢就丢了，不过你稀里糊涂的坏习惯必须得改改了。"这样说既批评了丈夫，又对他充满了理解和信赖，充分体现了对他的尊重。丈夫自己也在懊恼和反省，只要轻轻一点，就能引起他的重视了。

常常听到一些妻子这样说："我老公倒是很听话，你让他买什么就买什么，让他做什么就做什么，但总感觉他不爱理我，老实得像块木头似的，对我没话可说，让我感觉很失落。"其实，许多妻子的内心都期待着丈夫除了讲一些最"实用"的话之外，再多说些温存的"废话"，这种"废话"更能让女人们感到温暖。当然，如果女人们能恰如其分地说些"废话"，那么男人们也不会总是感到厌烦了。

你的"醋意"要让男人懂

美满幸福的婚姻容易滋生嫉妒。恰当的嫉妒是珍视爱情的表现，更可以成为婚姻的调味品。何不用这小小的嫉妒令你的夫妻生活充满笑声呢？

很多已婚男士都喜欢看大街小巷里出现的各种美女，甚至站在那里呆呆地盯着看很长时间。这时，站在旁边的妻子不妨悄悄地说："亲爱的，你对她说句话吧！""为什么？"丈夫可能会疑惑不解。"不然别人会以为你对她想入非非了！"聪明妻子的嫉妒语言不但点醒了丈夫，而且含蓄幽默。

夫妻生活中，嫉妒现象普遍存在，尤其妻子的嫉妒更是五花八门。由于女人对身边的事物具有极强的敏感反应，习惯于进行对比，因此总是担心自己不被认可，从而产生小小的嫉妒。看看下面的故事：

强是个性格憨厚的北方人，感情粗枝大叶，最喜爱健身运动；娅出生于江南水乡，出身书香门第，喜爱绘画艺术。两个人的婚后生活倒也幸福美满。

一次，娅想让强陪自己去参观书画展览。但强对美术并不感兴趣，为了不扫妻子的兴，只好陪她去了展览馆。

一进展览馆，只见一群男人正围在展厅中央品评着一幅作品。娅对强说："看看，那些男人多有品味啊！年轻人如果不懂一点艺术，会被别人看不起的。"强听了后，满脸的不高兴，对娅说："你在这里等我，我也过去看看是什么画这么吸引眼球啊。"于是，他挤进了人群中。

娅独自去参观其他作品，很快就看完了。展厅中央的那幅画前依然围着一群人。她很好奇，于是费了九牛二虎之力挤了进去，这才看清原来是一幅人体艺术画，画的是一个裸体美女，下身只有一片树叶遮盖着，整幅画作看起来非常逼真。她这才恍然大悟，知道为什么这里会聚集这么多人了。她想起丈夫也挤在这里呢，用眼睛一扫，发现强正目不转睛地盯着画作认真地欣赏呢。娅悄悄地挤到了强的身后，他竟然丝毫没有察觉。娅用胳膊轻轻地碰了一下正聚精会神地欣赏画作的丈夫说："嗨，别看了，那片树叶要到了秋天才能落下来呢！"强一听涨得满脸通红，拉着妻子的手害羞地挤出了人群。

一个会说话的妻子看到丈夫略有"越轨"行为时，不打翻整个醋坛子，当然也不会对丈夫的行为坐视不理，她会通过幽默的语言表达心中的醋意，让丈夫既闻到酸味，又不受到伤害。女人如果善用嫉妒性的语言对丈夫的行为做出解释，不但制造了幽默，而且提醒了丈夫，能够收到更好的效果。相反，如果妻子发现丈夫稍有"越轨"行为，就醋意大发打翻坛子，只能形成夫妻之间不可调和的矛盾，伤害了夫妻感情。

夫妻之间有不快发生时，不妨学学用会说话女人的充满幽默智慧的嫉妒性语言来化解吧！

第五章

巧言妙语，和谐家庭幸福多

现代媳妇难当，婆婆也不容易。对婆婆来说，媳妇永远是人家的女儿，有些话轻重总难拿捏；对媳妇来讲，婆婆更是一个特别的存在，敬之畏之都不合适。其实，婆媳可以相处得更轻松，关键看媳妇怎么说。会说话的女人总是嘴巴甜甜，给公婆带去无限的幸福和温暖。

沟通也是维系亲子关系的纽带，掌握了这条纽带你就能使孩子主动敞开心门，与孩子进行真诚的互动和沟通。会说话的妈妈总是站在孩子的角度，帮助孩子树立自信和雄心。

舌头多抹蜜，公婆不挑剔

在家庭生活中，婆媳关系是一对特殊的矛盾。要处理好这对矛盾，儿媳妇有责任。那么怎样才能做个讨人喜欢的儿媳妇呢？你首先应该在说话上下功夫。

军和媛夫妻二人平时住在单位，每逢周末回婆婆家。军是家里的独生子，婆婆非常宠爱他，时常挂念儿子。由于旧有的观念，婆婆认为家务事就是女人的活儿，女人照顾男人天经地义。

一个周末小两口又回去了，婆婆当着媛的面说，一周不见小军又瘦了，是不是在家做了很多家务活，还是工作太累了。军不知道如何回答。婆婆明摆着是责怪媛没有尽到照顾丈夫的责任。面对婆婆的无理责问，媛并没有着急为自己辩解，而是接过婆婆的话说道："妈，这段时间我单位总是加班，没有好好照顾军，都是我不好。从明天开始，我多给他做些有营养的饭菜，这样要不了多久他就能胖起来了，您就放心吧，妈！"

一个星期又过去了，小两口又回去了。媛拉着婆婆的手说："妈，这一周我可没少给他做肉，五花肉、红烧鱼、炖排骨，顿顿都有肉，而且每天早上都有牛奶和鸡蛋，但他好像还是没胖起来。妈妈，您有什么更好的办法吗？"婆婆被儿媳妇的话感动了，赶紧说："他就是这样，吃啥都不胖，遗传的原因，你看他爸不就瘦得像只猴子。"说完，全家人都捧腹大笑起来。

面对婆婆的无理责怪，媛并没有据理力争，而是主动承认自己照顾得不够，从而避免了婆媳矛盾的激化。

俗话说："孝敬父母是天赐的福。"不仅要孝顺自己的父母，更要孝顺公婆，把公婆当作自己的第二父母。有些儿媳，跟自己的父母总有说不完的话，而面对公婆时却无话可说，之间总像隔了一堵墙似的。会说话的女人不仅从心里尊重公婆，而且在言语上关心公婆，会主动亲热地在公婆耳边吹"甜"风。

多叫几声"妈"。儿媳妇的一声"妈"，能给公婆带来无限的温暖和幸福。跟公婆分居的儿媳，大多是走进婆家门时叫一声"妈"，出门辞别时说一声"妈，我走了"，这两声"妈"貌似彬彬有礼，实则亲热度不够。如果能把聊天和称呼交织在一起，谈话气氛就会好多了。儿媳如果这样说："这几天大风降温，空气污染又很严重，妈，您尽量少出门，如果出去的话一定多穿点啊！"婆婆的心里一定是暖暖的。

与公婆多交流。现代社会的老年人社会交际的机会很少，每天把自己禁锢在一个狭小的范围里，基本都过着养尊处优的生活，但他们也希望能了解一些门外的新鲜事。会说话的儿媳很愿意给他们讲讲，谈谈社会新闻、街头巷议、时尚流行、影视图书资讯等等，让公婆沉浸在轻松愉悦的氛围中。

这样说话，孩子离你更近

如何与自己的孩子畅通无阻地沟通交流，从而走进并呵护孩子的心灵，是每个家庭都非常关注的问题，也是现今社会环境中的一个棘手问题。

沟通不是父母控制孩子的手段，而是维系亲子关系的自然纽带，掌握了这条纽带你便无须通过控制对孩子施加影响，使孩子主动地对你敞开心门。在孩子的每个成长阶段，他们都需要父母的关心和理解，而这需要父母与他们进行真诚的互动和沟通。如果他们听到言不由衷、不连贯、虚伪或信任度很低的语言时，他们心里可能会产生逆反情绪。因此，在与孩子交流时，会说话的妈妈一定要站在孩子的角度，真诚地了解孩子的真实想法，这样你才能对他们因材施教，帮助孩子健康成长。

雯雯5岁了。一个星期六，她独自蹲在角落里哭，妈妈哄骗着让她停止哭泣："如果你再哭，我就把你一个人留在这里了。"结果雯雯不但没有停止哭泣，她的哭声反而更大了。"再哭，我就真走了。"雯雯一边哭喊，一边跟着妈妈走向门口，妈妈却很快地溜到门后，当雯雯的哭声变得尖锐时又推门进来。"好雯雯，不准再哭了。"后来妈妈真的离开了。雯雯也不哭了，但还是站在角落里。

面对孩子的哭闹，很多妈妈总是不知所措，只会口头训斥孩子，制止他的哭闹，最后甚至变成了恐吓，却没有想过孩子为什么哭，没想过问问孩子。正是因为家长不重视与孩子的正确沟通，才导致了很多任性而性格怪癖的孩子出现。

其实，对孩子来说，你越是采取更普通的方式对孩子表达自己的想法，而且语调温和、充满爱意，他们就越感到舒适，越能掌握你和他之间的共同语言和文化，你们之间的交流才能更顺畅。

在孩子的成长阶段，你可以在任何问题上发表自己的意见，但不要指望自己的意见不会遭到质疑。你可以把自己从孩提时代就想当然的事情重新考虑一遍，要分享这些感觉，帮助你的孩子理解这些感觉，相信孩子能重视这些感觉——即使现在做不到，以后也一定要争取做到。

与孩子沟通时，即使是最慈爱、最体贴的父母有时也会说出不该说的话。人类的交流无一是完美的。无论你觉得与孩子之间相处得多么融洽，适当的沟通都是必要的。人类的语言是一部奇妙的机器，能使人产生相似的思维，但它并不是完美无缺的。除非我们能做到专心致志地倾听，否则就会在偶尔的走神中形成一些浅薄的认识，并以父母的威严毫无道理地发泄出来对孩子造成伤害。

当然，做父母的也不必为自己对子女说的每一句话担心。根据儿童心理学家卡利可所说："父母亲每天都说上千句话，在十八年中说了千百万句。"偶尔说上一两句不该说的话，并不是不可挽救的大灾难。但是经常地循环说这些话就会对孩子造成伤害了，这是一种错误的沟通模式。

会说话的妈妈从不这样说：

1."看看你哥哥多听话！"和其他孩子相比较固然可以说明你希望孩子怎样做，但却不是鼓励孩子的良方。心理分析家李斯特说，孩子的自尊不应基于外在因素，而应发自内在。比如孩子在学溜冰时，是否是好选手并不是由"我只摔了两次，而他摔了三次"来判断，而是由"我跌倒后还要爬起来再溜"。

2."马上给我擦干眼泪！"任何妈妈看到孩子哭时都会忍不住这样说，但这样做其实是在说："闭嘴！我不想和你沟通。"你告诉孩子的信息是：

你只能忍耐他的情绪发泄到某一程度。其实，你应该给孩子一点时间平复心情，让他回到房里发泄一下，或者抱抱他、安慰他。

3."没什么好生气的。没什么好哭的。"这样的言辞看起来好像是鼓励孩子，实则否定了孩子的情绪，传达的信息是：他的情绪并不存在或者是不该表达的。

4."你总是/总不"这种全面否定式的言语,除了只能发泄你的情绪之外,毫无用处。孩子们需要给他改变的空间，而不要用这种泛泛的言语限制他。

5."如果你不这么做，警察就会来抓你！"母亲应该向孩子解释为什么该做这件事，而非假借外力来恐吓。

6."我受够了一再地叫你去做功课，下次再让我看到你没做，我就……"结果不外乎恫吓或惩罚。其实，孩子心里明白妈妈绝不会这样做，威胁恐吓是管教孩子最没用的一种手段。专家的建议是：如果你不会这么做，就千万别这样说。

7."你是世界上最棒的……"虽然母亲想用这种夸张的赞美鼓励孩子，但这种做法常常带有弊端，让孩子认为你在愚弄他。过度的赞美有时就是漠不关心的表示，想要随便打发孩子走开。所以，你需要清楚地指出细节，和他谈论他到底棒在哪里。

8."再玩5分钟。"跟孩子讨价还价会导致更多的讨价还价，不必多久，你的孩子就会成为一个谈判高手，不是不断地再讲一个故事，就是不断地"再玩5分钟"，所以，你一定得保持坚定的态度。

9.孩子到了青春期，许多母亲会采取与孩子做好朋友的态度进行沟通。但据美国迈阿密大学医学院的心理学教授费尔德说，青少年还不是成年人，如果母亲以他们平辈的姿态出现，就会失去自己的权威。母亲应该对自己的角色充满自信，并了解青少年是处于儿童和成年人之间的阶段。

作为父母，我们没有必要为已经出口的话烦忧，但一定要注意自己的说话方式了。如果你发现自己经常与孩子讨价还价或者虚言恫吓，就应该检讨这种方式是否需要调整改变。那么，我们应该怎样做呢？

为了加强与孩子的沟通，收到良好的教育效果，父母应努力改变与孩子沟通的技巧，需要做到以下几点：

1.要认识到，父母与孩子之间出现沟通的困境是正常的。今天的许多孩子可以一边看电视，一边听音乐，再一边写作业，因为他从小就在一个拥有各种各样家电的家庭环境中长大，所以产生了这种多点接收的习惯和技能。这样的系统刺激远比单纯的语言符号刺激要强烈得多、有效得多，所以家长如果固步自封，还用原来自己受教育的模式来教育孩子，必然不可能引起孩子的兴趣，相反甚至在孩子的眼里，家长都成了厌烦的符号了；另一方面，层出不穷的高科技产品深刻地影响着孩子的生活环境和思维习惯。今天的孩子具有接受超前意识的能力，比如对于性知识的认识，家长可能在教育孩子的时候难以启齿，而实际上孩子可能已经懂了很多。沟通的困境是每位家长必须正视的现实前提。

2.注意改进与孩子沟通的方式方法。很多家长对于沟通问题的认识往往存在误区，就是认为只要家长说的话孩子听了，这就是沟通。家长由于自己成长年代的各种限制，使他们教育自己孩子的语言和思维非常贫乏。例如：有个孩子抱怨地说自己的母亲每天只会说这样几句话。早晨说："快点儿快点儿，要不上学就迟到了"；第二句是："早餐尽量多吃点儿，要不没到中午就饿了"；第三句是："过马路要小心看着点儿车"；第四句话是："放学回家先写作业，不写完不能看电视啊！"这样日复一日地说，孩子自然而然地会感到厌烦，结果可能事与愿违。所以，作为家长应该注意与孩子沟通的方式方法，学会设计问题，用问话的方式与孩子沟通，尽量不要用陈述句，而要尽可能让孩子自己说。"问"在今天是一种高级的交流形式，父母的提问也应该具有很强的技巧性，家长应该在这方面加强自身修养。

3.沟通的问题要具体化。很多家长有一种习惯就是语重心长，但说出

的话又特别空洞。比如："你一定要努力学习啊！"这种语言表达对今天的孩子来说是无效的，也是无益的。因为这些话缺乏明显的可操作性，作为孩子基本把握不住，反而容易在心理上给孩子造成紧张焦虑。积极的方式是要以一种具体的问话，通过鼓励的方式循序渐进地与孩子沟通，这样比较容易调动孩子的积极性，而且能够把握住孩子思考、行动的方向。将孩子的行动目标分成许多的小台阶，每一步都具体而又比较容易地能够达到目标，让他们每一步都能体会到成功的乐趣。

孩子面前，不要忽视你的尊重

如何做父母？一个极为重要却常被人们忽视的问题。父母与孩子之间的情感是最复杂而深切的。父母的爱可以无私到最彻底的程度，但孩子们的双肩却往往不堪重负，学会在教育中帮孩子"卸重"，对父母来说是刻不容缓的。

为人父母者有责任帮助自己的孩子建立自尊，这不是一个轻松的任务。孩子的成长过程是非常繁杂的，自重、自信是自尊的重要组成部分，需要很长时间才能在孩子的内心牢固地建立起来。孩子需要你的支持和鼓励才能建立自尊，此外，孩子需要父母的尊重。

一位母亲参加儿子的家长会，幼儿园老师不屑地对她说："你的儿子有多动症，在板凳上坐3分钟都做不到，全班数你儿子表现最差了，你最好带他到医院看看。"听完这些，她感到非常伤心。当她回到家后，儿子问妈妈，老师都说些什么时，妈妈却高兴地对儿子说："老师表扬你了，说你的进步很大，原来在板凳上坐不到1分钟，现在能坐3分钟了。"晚上，儿子破天荒地吃了两碗米饭，而且完全是自己吃的，没让妈妈喂。

儿子上小学了。家长会上，老师对她说："这次考试，你儿子排在全班最后一名，我们怀疑他有些智力障碍，你最好带他去医院看看。"她感到非常难过，但回到家对儿子说："老师对你充满了信心。他认为你不是一个笨孩子，只要能再细心一些，一定会取得好成绩的。"说这话时，她发现儿子黯淡的眼神立刻充满了希望，沮丧的脸一下子舒展开来。她甚至

发现，从此之后，儿子好像又长大了很多，在学习上更用功了。

儿子上初中了。在一次家长会上，老师说："以你儿子现在的学习成绩，想上重点高中几乎是不可能的，你就打消了这个念头吧！"妈妈听完后伤心地留下了眼泪，回家后对儿子说："老师对你的成绩非常满意，并说只要你再接再厉、坚持不懈，考上重点高中是大有希望的。"后来，儿子终于如愿以偿地考入了重点高中。

高考报考前，儿子信心不足，担心自己考不上理想的大学，她对儿子说："妈妈相信你，凭你多年的努力一定能考上重点大学的。"后来，儿子竟以全班第一名的成绩顺利考入了北京大学。

当你的孩子有缺点、有错误、学习成绩不好的时候，你是如何对待他们的呢？是暴跳如雷，还是和风细雨呢？这个故事中的母亲为我们做了一个很好的榜样，值得我们好好反思和学习。

尊重孩子，就不能对孩子说有辱人格、有伤自尊的话，就不能随意惩罚打骂孩子，伤害孩子的自尊心。"你太让我失望了"，"你真没出息"，"你的脑子怎么这么笨啊"，"我真后悔生了你这样的孩子"，"你把我的脸都丢光了"……这些语言只能刺伤孩子幼小的心灵，让希望之花过早地凋零。

尊重孩子，就应经常鼓励孩子，在孩子成长的路上帮助和引导，用全面的、发展的眼光看待自己的孩子。"我真为你感到骄傲！""你表现得真不错！""你是我见过的最勇敢的孩子！""不要着急，慢慢来，妈妈相信你一定能做好"……这样的语言能给孩子带来无穷的力量和信心，指引孩子一步步走向成功。

美国心理学家罗达·邓尼说过："父母错了，或违背自己许下的诺言时，如果能向孩子说一声对不起，不但可以得到孩子的原谅，还可以帮助孩子建立自尊，同时能培养孩子尊重人的习惯。"

言而有信勿欺骗

家长哄骗孩子大都是出于良好的动机，而且一时可以达到目的。可是，我们不能只看一时的效果，还要注意问题的长远影响；我们不能只看表面的作用，还要看到潜在的问题。

一个晴朗的早晨，曾子的妻子梳洗完毕，换上一身干净整洁的蓝布新衣，准备去集市买些东西。她出了家门没走多远，儿子就哭喊着从身后追上来，吵闹着要跟着去。孩子不大，集市离家又远，领着他非常不方便。因此，曾子的妻子对儿子说："你回去在家等着，我买了东西一会儿就回来。你不是爱吃酱汁烧的蹄子、猪肠炖的汤吗？我回来以后杀了猪就给你做。"这话倒也管用。她的儿子一听，立刻安静下来，乖乖地望着妈妈一个人远去的身影。

曾子的妻子从集市回来时，还没跨进家门就听到院子里捉猪的声音。她进门一看，原来是曾子正准备杀猪给儿子做爱吃的东西。她急忙上前拦住丈夫说："家里只养了这几头猪，都是逢年过节才杀的。你怎么把我哄孩子的话当真呢？"

曾子说："在小孩面前是不能撒谎的。他们年幼无知，经常从父母那里学习知识，听取教诲。如果我们现在说一些欺骗他的话，等于是教他以后去欺骗别人。虽然做母亲的一时能哄得过孩子，但是过后他知道受了骗，就再也不会相信妈妈说的话了。这样一来，你就很难再教育好自己的孩子了。"曾子的妻子觉得丈夫的话很有道理，于是心悦诚服地帮助曾子杀猪

去毛、剔骨切肉。没过多久，曾子的妻子就为儿子做好了一顿丰盛的晚餐。

　　曾子用实际行动告诉人们，为了做好一件事，哪怕是对孩子，也应该言而有信、诚实无诈，身教重于言教。一切做父母的人，都应该像曾子那样讲究诚信，用自己的行动做表率，去影响教育自己的子女。

　　孩子幼稚，总是依赖信任父母，如果家长哄骗孩子吃药，且不说孩子第一次"上当受骗"之后，第二次、第三次还会相信大人的话吗？从长远来看，也是弊大于利，得不偿失的。大人可以把"苦的"说成"甜的"，孩子就会想：我也可以把"黑"说成"白"、把"是"说成"非"。这样一来，你再要求他说话要诚实，他还会相信和听从吗？你或许认为，父母说谎哄骗是出于好心。难道孩子不会说：我说假话也是出于好心吗？所以，父母出于好心，也不能对孩子说假话，不能为了一时的需要而在孩子的心灵上播下说谎的种子，最终收获"说谎的果实"。

　　很多父母在夸奖孩子的时候，常常会有意无意地说两句假话，暂且许下诺言，事后却忘得一干二净，根本不当回事。家长如此自食其言、言而无信，孩子就会怀疑父母的真诚，对家长产生信任危机。家长的话对孩子来说就失去了说服力，导致所有的夸奖都是白费力气，给孩子造成极坏的影响。

　　如果孩子已经懂事了，具有一定的生活阅历，父母为了体贴安慰孩子，不得不说一两句"善意的诺言"，那就另当别论了。因为这种"善意的诺言"，在实质上并无虚假可言，心智正常、已经懂事的孩子也不会把它看作是欺骗，因而也就不存在任何不良的影响和后果了。

　　还有很多父母对孩子说话不算数，话说到却没有做到，这也是一种假话。对此，许多父母大都不太在意，压根儿就没当回事儿。

　　英国政治家福克斯的父亲给他上过生动的一课，在他幼小的心灵里留下了不可磨灭的印象。

18世纪，比较富有的英国绅士的住宅大都坐落在漂亮的花园里。福克斯家的花园里有一座旧亭子，父亲打算把它拆掉，并想在较为开阔的地方另建一座。就在这个时候，小福克斯从寄宿学校回家度假，正巧赶上父亲雇来的工人在拆亭子。小福克斯很想亲眼看一看亭子是怎样被拆除的，所以他打算推迟几天再返校，但父亲要求他按时返校上课，父子二人因此产生了矛盾。母亲和大多数母亲一样，在一旁替小福克斯说情。最后，父亲答应将亭子的拆除时间推迟到明年的假期。于是，小福克斯答应离家返校了。

父亲想："儿子回到学校里整天忙于学习，时间一长也就把看拆亭子的事忘了。"于是，儿子走后，父亲就让人把亭子拆了，在另一处盖了一座新的。但是，小福克斯却一直把父亲答应的事记在心头。假期终于到了，小福克斯一到家，就朝旧亭子走去，看到旧亭子竟然已被拆除了。吃早饭时，他闷闷不乐地对父亲说："你说话不算数！"年迈的父亲听后大为震惊，想了一下，然后严肃地说："孩子，你说得对。我错了，我这就改正错误。言而有信比财富更重要。纵有万贯家产也不能抵消食言给人的心灵带来的污点。"说完，父亲随即让人在原地盖起了一座亭子，再当着孩子的面将其拆除。福克斯的父亲虚心接受了儿子的批评，不惜以巨大的代价改正自己的错误，老福克斯认为自食其言会给人的心灵带来污点。福克斯后来成为英国以言而有信著称的政治家，与老福克斯的以身作则不无关系。

因此，我们做父母的对孩子说话一定要算数，做到言而有信。如果言而无信，就是说了假话，尽管这种假话是无意的，而且往往是出于良好的主观愿望，但它在实质上造成了对孩子的哄骗，使亲子交谈产生障碍。总而言之，父母言而有信、不说假话，才能在教育孩子时站稳脚跟、更有说服力，我们的教育才能发挥最大的作用。

孩子的命运是父母创造的。父母要用自己的言行把"诚信"二字刻在

孩子的心中。诚信是一种力量的源泉，体现了一个人的高度自重、内心的安全感与尊严感，能帮助人们站在人生的十字路口时把握好方向。

父母们常说："不要让孩子输在起跑线上。"什么是人生的起跑线呢？明礼诚信、老老实实地做人，才是人生的真正起跑线。

母亲的语言影响子女未来的成就

两百年前，拿破仑曾问贡庞夫人："传统的教育体制似乎一无是处，要让人们受到良好的教育，我们缺少什么呢？""母亲！"贡庞夫人回答说。

这个答案深深地震撼了这位法兰西第一帝国的皇帝。"不错！"拿破仑说："在这个词里包含着一种教育体制。那么请您费心，务必要培养出知道怎样教育自己孩子的母亲。"

古今中外，许多杰出的人物都有一位伟大的母亲。如果说是杰出人物推动了世界的发展，那是因为他们的母亲推动了他们。有这样一句话："民族之间的较量，就是母亲与母亲之间的较量。"

有一位这样的母亲，8岁的孩子由于各门功课实在很差，被老师呵斥："再也没有像你这样笨的孩子了。"当他跑到家向母亲哭诉时，母亲却说："妈妈相信你是最好的孩子，妈妈教你。"就这样，一个笨孩子在伟大母亲的鼓励下，一步步走上了科学研究之路，最终成为举世瞩目的人物。他的名字就是爱迪生。可以想象一下，如果没有这位伟大的母亲，我们的世界将有多大的损失！

美国前总统克林顿、英国前首相希思、电影演员史泰龙、国际象棋大师加里·卡斯帕罗夫……在各自的领域里他们并不都是最聪明、最富有创造力或者最佳的人选，但他们都有一个共同点，那就是生活在父母离异的单亲家庭，或者父亲是个百依百顺的男子。是母亲帮助子女树立了雄心壮志，并为他们的成功倾注了全部的精力。

美国前总统克林顿夫人希拉里在其回忆录《亲历历史》中曾深情地记

录了母亲对自己成长的巨大影响。她提到过这样一个小故事：

他们全家搬到帕克里奇不久，母亲发现她不爱出去玩，有时还哭着回家，诉说街对面奥卡拉汉家的小女儿苏西总是推撞她。苏西有几个哥哥，她总是动粗。当时，希拉里只有4岁，但母亲担心这样下去的话，她这辈子恐怕都会懦弱成性了。

有一次，她又跑回了家，却被母亲拦住了。"回去，"母亲命令她，"如果苏西打你，我允许你回击，你必须学会保护自己，我们家容不下懦夫。"后来，她告诉希拉里，她站在餐厅的窗帘后面，看着希拉里抬头挺胸地过马路。

几分钟后，小希拉里高兴地回来了，脸上洋溢着胜利的微笑。"男孩子们愿意和我一起玩了，"她说，"而且苏西也愿意和我做朋友了！"从此，她和苏西成了要好的朋友，而且她们的友谊一直保持下来。

母亲留给小希拉里印象最深的一句话就是："别人是别人，你是你。你可以有自己的想法，我不管别人怎么做。我们跟别人不一样，你也跟别人不一样。"

正是母亲的不断鼓励，成就了自信十足、聪明能干、坚强不屈、具有领袖风范的美国前总统夫人希拉里。

确实，推动世界的手常常就是推动摇篮的手。一个家庭，尽管家徒四壁，但只要有一位正直、善良、勤劳、勇敢的母亲，这样的家庭就是心灵的圣堂和成长的源泉。

魅力女人的说话之道

　　口才是衡量一个女性修养和魅力的重要标准之一。有魅力的女人说话时把握分寸、讲究策略，她总是有话好好说、没话不乱说，见什么人说什么话，到什么场合说什么话，在什么位置说什么话。用心学习并领悟魅力女人的说话之道吧，好口才将改变你的命运，帮你成就幸福的人生。

第一章

开口就能说得恰到好处

　　我们总是在不同的场合，面对不同的人、不同的事，说不同的话。说话要注意分场合，说不同的话用不同的方式，这样才能收到更好的沟通效果。不分场合，随心所欲，信口开河，想到什么说什么，那是"不会说话"的人的表现。

切忌信口开河，说话得看场合

　　学校为两个退休教师举行了一个欢送会，一位是毕业于某名牌大学中文系、孜孜不倦工作了几十年的老教师，另一位是曾多次荣获过"先进"的老同志。参会的领导和同事对两个人的工作和为人都做了非常得体的总结和评价，但相比之下，大家对那位得过多次"先进"的教师的赞美更多。当两位退休教师致答谢词时，他们都对大家的赞扬表达了溢于言表的感谢，会场充满一片温馨而感人的气氛。

　　话本该说到此处为止，然而那位老教师并未就此停住，因大家对"先进"老教师的赞扬触动了伤感和遗憾，他做了欠妥的发挥："说到先进，我感到非常遗憾，我从来没得过一次……"

　　话犹未尽，一位平时与他相处不够融洽的年轻教师抢过话头说道："是啊，这事是我们做得不好，您配当先进，怪我们没提您的名啊！"这话中一种不肯饶人且令人难堪的"刺"令老教师现出了一种伤感甚至凄凉的表情。会场一时间充满了令人不快的尴尬气氛。

　　一位领导见势不妙，立刻接过话头，试图缓和本已尴尬的现场气氛，但是他偏偏反复劝慰那位退休老教师，让他对"先进"的问题不必在意，说没评过不代表不先进，先进仅是名义而已，更应看重事实。领导的这番话，完全是对本该避而不谈的话题进行了重复和引申，使本就尴尬的气氛变得更为尴尬。

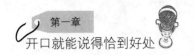

这是一个生活中的真实故事，这个故事可以使我们得出几点教训：

首先是那位退休老教师，不应做没有意义的比照。比照是谈话中常用的一种方法。如果用得好，比照可以产生某种积极的效果。在退休欢送会这种场合，一般应该说些富有情感的得体的人情话。对这种人情话，听者要善于倾听，善于应答，完全不必用别人的长处与自己的短处进行比较，使自己感到不快。

再说那位年轻教师，不应该在前辈伤感之时去火上浇油。与人相处，难免会发生磕磕绊绊。在一位老教师将要退休的时候，虽然他与自己有过摩擦，但在欢送会这种温馨的场合，我们不能趁别人失言之机抓着一句话不放，为了一时痛快而说出那些不近人情的刻薄话。不管怎样，欢送会体现的就是一个"欢"字，要尽可能给别人多留一点美好的回忆。

最后说的是那位领导，应该避免敏感话题。领导的能力固然表现在原则性上，在会场上出现了出乎意料的尴尬局面时，他没有立刻批评那位言之有失的青年教师，而是竭力肯定老教师的贡献：这种应变意识显然是无可厚非的，但是从语言技巧来看却很不够。在这种情况下，领导应该巧妙地岔开话题，使会场的气氛重新转为欢快，并顺势掀起新的高潮，而不是在敏感话题上喋喋不休。避开某些敏感话题的能力，对领导者来说是一个很好的考验。

以上三个教训告诉我们的就是：说话必须分清场合。想到什么就说什么，信口开河，随心所欲，这是"不会说话"的人的做法，会说话的女人从来不这样说。

说话得讲"礼"

在人性的特质中，礼貌几乎是唯一最具相互性的行为，你以礼待人——别人也会以礼回报你——这会使你觉得非常愉快，感到自己受重视。

马克尔和他的朋友布朗聊天，他谈到有一次陪一位著名的作家和演说家拜访巴黎的情形。布朗和那位名人也曾相处过一段时间。布朗先去机场接那个人，然后陪他到巴黎的各个景点参观。

马克尔问布朗："你对这个人印象最深的是什么？"

布朗回答道："每次他都帮我开门，很亲切地让我先退出，这是他最典型的动作。"

礼多人不怪，即使是微不足道的礼貌，也可以使对方感受到被尊重。爱默生曾在作品中写道："完整的荣誉和骑士精神，尽在礼貌之中。"

有一批耶鲁大学的应届毕业生，共有20个人。在实习时，他们被导师带到了华盛顿的某个实验室里参观。所有学生坐在会议室里，等待着实验室主任胡里奥的到来。这时，有一位秘书给大家倒水，同学们面无表情地看着她忙活，其中有个学生问道："有黑咖啡吗？天真的太热了！"

秘书有礼貌地回答道："真抱歉，刚刚用完。"

在给一个叫比尔的学生倒水时，比尔轻声说："谢谢，大热的天，辛苦您了！"

秘书抬头看了看他，眼里满是惊讶，虽然只是再普通不过的客气话，却让她感到了温暖，因为这是她当时听到的唯一一句感谢的话。

门开了，胡里奥主任走进来和大家热情地打招呼，但是不知道为什么，静悄悄地竟没有一个人回应。比尔左看看右看看，犹豫不决地鼓了鼓掌，其他人这才反应过来跟着鼓起掌来，但掌声并不怎么热烈。

胡里奥主任挥了挥手说："欢迎同学们到这里来参观。平时这些事一般都是由办公室负责的，因为我和你们的导师是老同学，非常要好，所以这次是我亲自给大家讲讲有关的情况。同学们好像都没有带笔记本，这样吧，请秘书小姐帮我们拿一些实验室印的纪念手册，送给同学们留作纪念吧。"

接下来，更尴尬的事情发生了。大家都坐在那里，非常随意地用一只手接过胡里奥主任双手递过来的纪念手册。

胡里奥主任的脸色越来越难看了，当走到比尔面前时，已经快要失去了耐心。就在这时，比尔非常礼貌地站起来，双手接过纪念手册，并恭恭敬敬地说了声："谢谢您！"

胡里奥听到这里，不觉眼前一亮，用手拍了拍比尔的肩膀问："你叫什么名字？"比尔回答后，胡里奥点头微笑着回到了自己的座位上。

早已汗颜的导师看到这里，才稍微松了口气。

一个月后，在毕业生的推荐表上，比尔的推荐表上赫然写着军事实验室。有几位颇感不满的同学找到导师问："比尔的学习成绩最多算是中等，凭什么选他而不选我们呢？"

导师看了看这几张幼稚的脸，笑道："比尔是实验室那边点名要的。其实，你们的机会不仅是完全一样的，而且你们的成绩比他还好，但是除了学习之外，你们需要学的东西还很多，礼貌就是最重要的一课。"

后来，导师给全班学生留下了这样的临别赠言："礼貌是最容易做的事，也是最珍贵的事情。礼貌是良好修养中的美丽花朵、通行四方的推荐书，是人类共处的得体服饰。礼貌无须花费一文，却能赢得很多。"

彬彬有礼是你开始与别人建立友善关系的基础，而且一定会使你赢得良好的第一印象。对待陌生人也要保持礼貌的态度，养成温文尔雅的好习惯，随时说声"请"和"谢谢您"。

礼貌待人的道理许多人都清楚，但做起来却不一定轻松和完美，这是一个习惯问题。职业女性更要注意礼貌待人，以免因小失大。所以，有魅力的女人都是从平时的一点一滴做起，不断提高修养，培养自己的礼貌习惯。

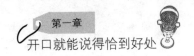

人情话必须说

在日常生活中，有的女人说话太过随意，不分场合地口若悬河，但是对那些该说的话却极为吝啬。比如朋友在一起时间长了，互相都会帮个忙，帮完忙总要递上一句暖心的话："王姐，昨天那事让您费心了，咱姐妹儿的关系，再多感谢的话我就不说了。"你这样一说，人家至少感觉到自己的好意被领受了，心里也是暖暖的。

李靖大学毕业后考上了公务员，妻子是当地人。结婚时他们曾到妻子的叔叔家做客，叔叔婶婶对这个侄女婿非常欣赏。叔叔是一家企业的总裁，两人坐在一起总有说不完的话。

但是最近一段时间李靖发现叔叔婶婶的态度发生了很大变化，对他们越来越疏远了。夫妻俩百思不得其解，后来终于在岳母那里找到了答案。原来是前段时间叔叔通过关系帮李靖调动了工作，去了一个更有发展前途的部门，但事前事后夫妻俩始终没对叔叔婶婶说过什么人情话。在李靖看来，叔叔的帮忙不过是举手之劳；而从妻子那边来说，都是自己的至亲，说见外的话不就远了吗。婶婶跟岳母提起这件事后，心里非常不舒服；叔叔说他俩是白眼狼，帮得有些后悔。两个人听完赶紧去叔叔家谢罪。

李靖夫妇正是忽视了人情话的重要作用，想当然地认为这种感激不用挂在嘴上，他们却大错特错了。正所谓话不说不明，锣不敲不响，即使你心存感激，但嘴不说出来，这会使人家心里很别扭。

　　会说话的女人身边总会围绕很多乐于帮助自己的朋友、亲戚和同事，因为她们在受人帮助或恩惠后，总会做出及时而到位的表达，告诉对方好意已被接受了，所以，她们总能得到更多的帮助。会说话的女人具有说人情话的好习惯，你可以好好学习一下吧！

　　1. 培养对人用敬语、对己用谦语的习惯。一般称呼对方用"您"、"同志"；对长辈用"先生"、"大爷"，不要用"老头"、"老太太"、"老家伙"等；对少年儿童用"小朋友"、"小同学"，不要用"小鬼"、"小东西"等。

　　2. 注意说话的空间和时间。谈话人的身份不同，如果是长辈、上司，谈话的距离要远近适当，太远太近都有失礼貌；谈话的时间不宜过长、过多，说话只说一半就不说了，都是不礼貌的；男女同事之间的谈话距离不应太近。

　　3. 说话时多用商量和请求的语气，少用命令的语气。比如"请倒杯水好吗"、"请您一定光顾"、"希望您能理解和支持"等，这种语气和词语使人更易接受。

见缝插针，趁机说话

无论你是因公还是因私去找领导谈话，都要注意你说话的方式、说话时的态度和说话的时机。作为领导，一天到晚要考虑的事情当然很多，他们也许根本没有时间听你谈与工作无关的事情。但是，员工除了工作之外，有时因为一些私事不得不去找领导。为了让领导重视你的谈话，因此你一定要把握好恰当的时机。

某食品厂的一位职员想请假，他走进科长的办公室便说："我明天想休息一天，可以吗？"

虽然请假是员工的权利，但科长接着问："为什么要请假？"

职员很坦白，他说："有人约我去钓鱼。"

其实科长也是个钓鱼迷，但他还是拉下脸来说："为什么非要明天，等到周末不可以吗？"

职员最后说明约他的人是女友，并且女友周末不休息。科长这才勉强答应，但从此科长在心里对这个职员有了工作不认真负责的成见。

另一个职员有一次也想请假和女友约会，他想起了上次同事得到的教训，没有到办公室找科长。下班时他对科长说："科长，近来去滑雪了吗？我女朋友明天休息，约我去滑雪，科长愿意带太太和我们一起去吗？"

科长听完后一边笑一边说："啊，去滑雪，真让人向往啊，可惜明天不放假，我还是星期六去吧。当然你是佳人有约啊，明天我来给你请假吧。"

两位职员虽然都是向上级请假，前一个得到了不愉快的结果，后一个顺利且没有产生不好的影响。原因何在？就在于说话的场合。当科长埋头工作、忙得不可开交时，你请假去钓鱼，当然让上级恼火。而在下班时，工作已经结束了，科长正一身轻松地准备回家，此时委婉地请假肯定会得到理解的。

如果是要和领导谈公事，更应该把握进言的良机，因为这往往影响着自己能否升迁和加薪。特别是在领导主动征询意见的时候，如果有良策，更应该勇敢地提出来。只有向领导表达自己独特的见解和主张，才有可能获得领导的青睐，从而为自己获得重要的工作奠定基础。

某企业的老总在着手安排招聘事宜时，策划部的一名员工偶然碰到了他。这名员工率直地说："老总，看你招聘，我就想起自己当年来公司时的情景，那可是什么都不怕啊，特别渴望获得一种成就感。所以，我希望公司能消除员工的那种给人打工的感觉，公开地提出'与企业一起成长'的目标，使来应聘的每一个人都觉得有奔头，该多好啊！"

老总一听，眼前豁然一亮：这不是个好主意吗？立即对这名员工委以重任，让他到人事部参与招聘和面试工作，使他的才能得到进一步发挥。

在此需要提醒的是，只有在各方面都表现出色，才有可能获得领导的赏识，而自己的话也更容易被人接受。

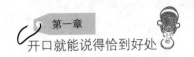

失意人面前，不要说得太得意

　　我们都有过这样的经历，自己顺心、一切如意时，心情也会变得很轻松，和朋友们小聚时话也会比平时多，高兴时常按捺不住，愿意在朋友面前流露出来，希望得到朋友们的赞扬，以满足自己的虚荣心。但是，有时太过得意，就没想到自己的言语会在无形中伤害在座的落魄的朋友，这样会使对方误以为自己是在故意"炫耀"、故意挤兑他，从而产生隔阂。因此，无论在什么场合说什么话，不管说的是什么，在话未出口前，我们都应该仔细想一想，把不该说的话"过滤"掉，以免使其他人产生自己被比下去的感觉。

　　有一次，吴志涛约了几个朋友来家里吃饭，这些朋友彼此都是熟识的。他们聚会的主要目的是想借着热闹的气氛，让一位目前正处在低潮的朋友心情好一些。

　　这位朋友不久前因经营不善，公司倒闭了，妻子也因为不堪生活的重压，带着女儿离家出走了。内外交困之下，他实在痛苦至极。

　　来吃饭的朋友都知道这位朋友目前的境况，大家都避免谈及与事业有关的事。可是，其中一位朋友因为刚刚赚了很多钱，酒一下肚，忍不住就开始谈他的赚钱本领和生意上的事。他的得意神情令在场的人看了都有些不舒服。那位失意的朋友更是低头不语，脸色非常难看，一会儿去上厕所，一会儿去洗脸，最后他提前离开了。

人人都会经历人生的低谷，人人都会遇到不如意的事。这时，在失意的朋友面前炫耀自己的得意之事，无异于把一根针狠狠地插在别人心上。这样既伤害了朋友，对自己也没什么好处。

因此，不该说的就不说，如果非说不可，也要少说为妙，切忌为了炫耀自己而不顾他人的感受。要知道自吹自擂只会招致别人的厌恶，绝不会为自己赢来好的名声。

另外，在失意的朋友面前，我们可以这样做：

1. 给予对方真诚的关怀。朋友的关心和爱护能帮助处于困境中的人，使他们重拾勇气"从头再来"。我们可以适当地给予其物质和精神上的帮助，使他们尽快走出人生的低谷。

2. 在失意的朋友面前说话要"小心"。失意的人一般都很敏感，稍有"风吹草动"便以为是针对自己，表现得多疑、善变，情绪不稳定，因此，说话时要尽量避免提及跟他有关的话题，更不要说对他有刺激的事。要尽量说一些安慰的、鼓励的话。

3. 要有耐心。当失意的朋友向你倾诉心事时，不管你多忙多累，都应该坐下来，耐着性子听他讲完，并给予一定的安慰，使他的心情平静下来。切忌在听对方讲话时手里还做其他事情，或者即使在听，但脸上露出不耐烦的神情。

手握情绪遥控器

在发生争执的时候，我们要做的第一件事就是反省，想想出现问题的原因是不是在自己身上，而不是任由情绪失控，因为愤怒只会让气氛变得更糟。在愤怒之时，任何事情都不会得到有效的解决。

在生活中，很多人都有过受累于情绪的经历，似乎烦恼、压抑、失落等总是接二连三地袭来，于是频频抱怨生活对自己不公平，抱怨周围的人故意与自己作对。因此，常常板起面孔对待他人，或者想办法去刁难他人。其实，想让自己生活中不出现一点烦心之事是不可能的，关键是如何有效地控制自己的情绪，做情绪的主人。

许多人都懂得要做情绪的主人这个道理，但稍微碰到一点儿不如意，就责怪他人、为难他人，总以为别人跟他过不去，却不愿静下心来反省自己：是不是我错了？是不是发生误会了？遗憾的是，很多人却总是任由情绪控制自己，而与人斤斤计较，但是聪明的女人总是善于自我反省，冷静地处理问题。

一天，柯小姐开着她的黑色帕萨特到小区的地下车库停车时，发现一辆白色的丰田车停在她的车位旁边，而且离她的车位靠得特别近。

"为什么总是挤着我的车位？"柯小姐生气地想，并且朝白色丰田车的车门狠狠地踢了一脚，车门上立刻留下了一个清晰的脚印。

一天傍晚在停车场，当柯小姐正想关掉发动机时，那辆白色丰田也恰好开了进来，驾车人像以往一样把车紧紧贴靠在柯小姐的车旁。

柯小姐一见，气不打一处来，当时她正好感冒了，头疼得厉害，下班前又被经理批评了一顿，一肚子气正愁没处发泄呢。于是，柯小姐怒目圆睁，恶狠狠地对着丰田车里的人大声喊道："喂，你的眼睛是不是出了问题，有像你这样停车的吗？"

那辆丰田车的主人也不甘示弱，十分生气地说："你和谁说话呢？你以为你是谁？这地方我交了钱，我想把车停在哪里就停在哪里！别那么多废话！对了，上次我车上的那个脚印是你踢的吧，以后少干这种缺德事。不然，你的车上会留下更多的脚印，甚至是你的身上！"

听到这些张狂的话，柯小姐恨得牙根痒痒，心想："我得让你尝尝我的厉害！"

第二天，当柯小姐回家时，白色丰田还没回来。这一下，柯小姐也把车子紧挨着对方的车位停下来，也没给对方留一点周旋的余地。

接下来的几天，白色丰田车每天都先于柯小姐回来。显然，白色丰田的车主暗地里和柯小姐较着劲，弄得她苦不堪言。

"如果长期这样'冷战'下去，该怎么办呢？"柯小姐眉头一皱，便想出了一个好主意。

一天早晨，当白色丰田的主人一坐进自己的车子时，就发现挡风玻璃上放着一个信封，信中写道："亲爱的白色丰田，真是非常抱歉！那天，我家的女主人向你家主人大喊大叫，还曾对你有过不文明的行为，现在她正为自己的粗暴行为深感后悔。其实，我家主人心眼并不坏，只是脾气躁了点，加之那天她正好在公司被领导猛批了一顿，心情很糟糕，因此，给你和你的主人带来了伤害。在此，我希望你和你的主人能够原谅她——你的邻居黑色帕萨特。"

隔了一天，当柯小姐准备打开车门时，一眼就发现了自己车上的挡风玻璃上有一封信。柯小姐赶紧拆开信读道："亲爱的黑色帕萨特，我家的主人这段时间失业了，因此心情郁闷，而且他是刚刚学会驾驶我，所以总

是没把我停放在自己的位置上。我家主人很高兴看到你写的信，我相信他也会成为你的好朋友——你的邻居白色丰田。"

从那以后，每当黑色帕萨特和白色丰田相遇时，他们的主人都会愉快地向对方打招呼。

在生活中，发生争执并不可怕，重要的是我们应该怎样化解争执，这就要求我们学会控制自己的情绪。善于控制情绪，不让情绪的火山爆发，就不会发生争执。如果争执已经发生，我们就要学会反省自己，找到自身的缺点，并加以改正，否则不仅不能解决争执、化解矛盾，而且会加深彼此的怨恨。那么，怎样才能改掉乱发脾气的毛病呢？

1. 我们在生活、工作中，要有宽容、豁达的胸怀，要学会忍耐，学会控制情绪，才能使自己有一个清醒的头脑，这样就容易使问题得到解决。

2. 在对方生气时，做到"我不气"。如果我们能以微笑来面对怒火万丈的对方，那么他就会"不战而败"。微笑能轻而易举地浇灭对方的"怒火"，何乐而不为呢？

3. 当和别人起了争执时，要尽快处理，不要过于固执己见，更不要轻易发怒。即使自己有理，也更多地给对方一些赞美和肯定，对化解争执、解决问题非常有利。

第二章

真诚的态度提升你的口才魅力

人世间最动人的莫过于真情的力量，而融入真情的语言也最打动人心，充满真情的语言让人温暖、使人奋进。真诚乃立身之本、立事之魂。当我们心怀真诚，真诚地做事待人，那我们自身也会因为真诚而显出更夺目的人格魅力。

真诚更能打动人心

无数事实证明，会说话的女人的魅力并不在于把话说得多么流畅、多么动听，而在于是否善于表达真诚！如果你能用得体的话语表达出你的真诚时，你就能赢得对方的信任，建立起人与人之间的沟通基础，对方也可能因信任你而喜欢你说的话，从而喜欢你的一切。

有一位女教师写了一本关于"思想教育"的书，出版社不但没有付给她稿费，而且让她自己卖出 800 册作为报酬。卖书对她来说，远比上一节课难得多。

为了能卖出自己的书，她在学校里组织了一次讲座，她说："……作为一位教师，在这样的场合推销自己的书感到非常尴尬。但是，当今的作者也很难，不但要写书，还得自己卖书。出版社让我自己卖出 800 册书作为稿酬，所以我不自己推销不行啊！这本书写得如何，我自己不好评论，但有两点我能做出保证：第一，这本书是我用两年时间完成的，是我心血的结晶；第二，书的内容决不是拼凑抄袭的，是我几年来教育经验的总结和思考。不久前，我的这本书被思想教育研究会评为社科图书的二等奖，这是我的获奖证书。说心里话，对我们这些教书匠来说，推销比写书更难，我只能硬着头皮请大家帮个忙。不过，买书与否大家可以自愿，帮不帮这个忙我绝不勉强。如果你觉得这本书对自己有一点儿帮助，你又有买这本书的财力，就帮我这个忙，在此先谢谢各位了！"

女教师的演讲收到了良好的效果，一次就卖掉了 500 多册。她不是受过专业训练的推销员，却取得了一定的成功。从某种意义上说，她的成功在于她恰到好处地表达了自己的真诚，因而获得了听众的信任。当真诚地关注别人时，我们才能获得他人的关注和支持。"化妆品女皇"玫琳·凯曾有过这样的经历：用她的真诚挽救了一个女孩的生命。

一天，玫琳·凯在海边散步。她看到了一位脸上挂满泪痕的女孩坐在那里，内心充满了忧郁和哀怨。于是，她笑着走到女孩面前，关切地问："您好，我叫玫琳，能跟你说几句话吗？"女孩子不愿意理她，依然独自感受着落寞。玫琳·凯接着温柔地说："虽然你的心情非常糟糕，你显得有些忧郁，但你依然那么美丽。是什么事情令你如此伤心痛苦，能告诉我吗？"

她沉思了片刻后，就开始向玫琳·凯倾诉起来。当说到动情处时，她还流下了伤心的泪水。在倾听的过程中，玫琳·凯给予的是专注的倾听、适时的点头和真诚的眼神。玫琳·凯的认真和专注使女孩子感受到了一种理解和真诚。女孩子告诉她说，今天自己来到海边，本是想结束自己的生命的，因为她爱的那个人事业有成后抛弃了自己。

玫琳·凯听后，不仅为女孩感到忧伤，而且气愤地痛骂那个男人有眼无珠。最后，她真诚地鼓励女孩说："你放心吧，天下的好男人多得是，你一定能找到一个有责任心的男人的。你长得这么漂亮，作为一个女人我都非常喜欢你，就不用说男人了。因此，你一定要坚强地站起来。"女孩非常感激地对玫琳·凯说："从来没有人跟我说过这么多的话，直到今天我才真正地看清了自己。我相信，生活一定是美好的。"

玫琳·凯深知，每个人都希望获得别人真诚的关心、尊重和理解。会说话的女人更懂得真诚的无穷魅力，往往一句真诚的话语，说出来虽然只有短短的几分钟，但却能影响他人的一天、一年甚至一生。

以诚感人，以情动人

在日常交往中，我们既要达到自己的目的，又要坚持应有的原则，使对方理解我们的行为，从而收到预期的效果。我们不但要晓之以理，而且要动之以情，因为真情与真诚同样拥有令你难以想象的力量。

一个生病孩子的妈妈来到护士的办公室，想请求护士长允许她用自备的微波炉为孩子热饭，还没等话说完就哭了。她说："护士长，我女儿病得很重，她很想吃点儿热饭菜，所以我把微波炉带来了，请您允许我使用好吗？"护士长说："我非常理解你的心情，但是病房绝对禁止使用电器。因为这样很容易发生事故。你看，我办公室的微波炉需要有用电许可证的。要不把你女儿的饭菜拿到我这里来热，你看这样行吗？"孩子的妈妈说："我已经把微波炉带来了，您就让我用吧！"护士长坚持说："实在不好意思，我真的不能违反医院的规章制度。"孩子的妈妈说："那就麻烦您了！"护士长微笑着说："别客气，这是我应该做的。"

孩子的母亲用母爱感动了护士长，达到了让女儿吃上热饭菜的目的。护士长在劝说患者家属时，既遵守了医院的规章制度，把握住了自己的原则，又帮助患者家属解决了实际问题。这种做到"双赢"的谈话，值得我们认真琢磨。

在 18 世纪的英国，一天深夜一位富有的绅士走在回家的路上，突然一个蓬头垢面、衣衫褴褛的小男孩儿拦住了他。"先生，请您买一包火柴吧。"小男孩儿说道。绅士回答说："我不买。"说完绅士躲开男孩儿继续走，"先生，请您买一包吧，我今天还饿着肚子呢！"小男孩儿追上来说。绅士看自己躲不开男孩儿，便说："可是我没有零钱。""先生，你先拿上火柴，我去给你换零钱。"说完男孩儿拿着绅士给的一个英镑就迅速跑开了。绅士等了很久后，男孩儿还是没有回来，绅士只好回家了。

第二天，绅士正在办公室里忙着，仆人说有一个男孩儿坚持要求见他。于是，男孩儿被允许进来。这个男孩儿比卖火柴的男孩儿矮了一些，穿得也更加破烂。"先生，非常对不起，我哥哥让我给您把零钱送过来。"男孩说。"你的哥哥呢？"绅士问。"我哥哥在换完零钱回来找你的路上被马车撞成重伤了，现在在家躺着呢。"绅士被小男孩儿的诚信深深打动了。"走！我们去看你的哥哥！"绅士到男孩儿家一看，家里只有两个男孩的继母在照顾受重伤的男孩儿。一见绅士，男孩赶紧起身说："对不起，我没有按时给您把零钱送回去，失信了！"绅士被男孩的真诚深深打动。当他了解到两个男孩儿的亲生父母早已双亡时，毅然决定承担两个孩子在生活上所需要的一切。

正是男孩儿的真诚打动了绅士的心。人世间最动人的莫过于真情与真诚，而融入了真情与真诚的语言也最打动人心，这样的语言也更能让人感到温暖。生活需要真诚与真情，它们是打开心灵的钥匙。聪明的女人善用真诚与真情感化他人，使自己的人际关系暖意融融。

有这样一句话："不看你说的什么，只看你怎么说的。"同样的一个意思，不同的人有不同的说法，不同的说法产生不同的效果。与人打交道时，不管是因为什么习惯，我们都要本着"诚"、"情"二字待人，否则有可能伤害到别人的自尊，有时还会引起他人的反感而使事情无法得到解决。因

此，与人谈话时，我们要把握一点，即与人为善，特别是在自己处境不利时，如果把自己真实的思想和感情直接向对方表达出来，对方也有可能动以真心、施以真诚。因此，有人说，以诚感人、以情动人，是使语言魅力最大化的技巧之一。

在遭遇困境时，真诚、充满感情的话语常能感动他人，从而使自己走出困境。

在美国经济大萧条时期，有一位18岁的姑娘好不容易才找到一份在高级珠宝店做售货员的工作。

在圣诞节的前一天，店里来了一位年轻顾客。他衣衫褴褛，一脸的悲哀。他用一种不可企及的目光，盯着那些高级首饰。

姑娘要去接电话，一不小心把一个碟子碰翻，6枚精美绝伦的金戒指掉到地上。她慌忙捡起其中的5枚，但第6枚怎么也找不着。这时，她看到那个年轻的顾客正向门口走去，很快她顿悟到戒指在哪儿了。

当年轻顾客的手将要触及门柄时，姑娘柔声说道："对不起，先生！"那年轻的顾客转过身来，两人相视无言，足足有1分钟。

"什么事？"年轻的顾客问，他脸上的肌肉在抽搐。姑娘一时竟不知该说些什么、怎么说。"什么事？"年轻的顾客再次问道。"先生，这是我的第一份工作，现在找个事儿做很难，是不是？"姑娘神色黯然地说。

年轻的顾客长时间地审视着她，终于一丝柔和的微笑浮现在他的脸上。"是的，的确如此。"年轻的顾客回答，"但是我能肯定，你在这里会干得不错。""我可以为您祝福吗？"停了一下，年轻顾客向前一步，把手伸给她。年轻顾客转过身，慢慢走向门口。

姑娘一直注视着年轻顾客的身影消失在门外，转身走向柜台，把手中握着的第6枚金戒指放回了原处。

　　这位姑娘成功地拿回了年轻顾客偷拾的第 6 枚金戒指的关键是：在尊重谅解对方的前提下，以"同是天涯沦落人"的凄苦言语博得对方的真切同情。对方虽是流浪汉，但此时却握有打破她的饭碗的金戒指，极有可能使她也沦为"流浪汉"，因此，"这是我的第一份工作，现在找个事儿做很难"，这句真诚朴实的表白，却饱含着惧怕失去工作的痛苦心情，也饱含着恳请对方的怜悯之意，终于感动了流浪汉，使他主动交还了戒指。

　　美国小说家韦拉凯瑟说："真诚是每个艺术家的秘诀，而每位演说家都应该是一位艺术家。这是一个公开的秘诀，十分有效，这如同英雄的本领一样，是不能拿假武器去冒充的。"这句话的意思是说，要用真诚的语言打动人心，使其感动，也就是"以诚感人"。在一些特殊的场合，如果一个人真诚地流露出自己的感情，往往能打动对方，从而打破僵局。

用真诚说服更有效

想成为一名好的推销员，首先要把你的真诚注入到自己的语言中，懂得把自己的心意传递给顾客。只有当顾客感受到推销者的诚意时，他们才能接受并相信推销员的建议，从而实现彼此的沟通并产生共鸣。

一天，张伟去商场买音响。当他走进一家电器商店后，一个音色纯正、低音浑厚且震撼力极强的音响吸引了他的注意。这时，一位女售货员热情地迎面走去，脸上浮现出职业的微笑，开始主动向他介绍商品。她的介绍非常专业，语言流畅，从性能优势、结构特点到价格优势、售后服务，娓娓道来，而且进行了细致的演示。

刚开始，她的热情介绍打动了他，激起了他的购买欲望。当张伟想问一些什么的时候，她却还在不停地讲着，他怎么都插不上嘴。她就这样一直喋喋不休地讲着。张伟开始有几分不悦了。当她褒扬自己的品牌而贬低其他品牌时，张伟开始怀疑她所说的产品性能的真实性。很快，之前产生的好感一扫而光。正在这时又来了一位顾客，张伟便趁机"逃离"了商店。

这位女售货员可以说是训练有素，但又是一个不懂说话奥妙的推销员。为什么她那滔滔不绝的介绍却引起了顾客的反感呢？这是值得我们深思的。要知道，滔滔不绝、一泻千里的演讲再优美动听，如果缺少了诚意，就会失去吸引力，正如一束没有生命力的绢花一样，美丽却不鲜活动人，因而失去了魅力。

一家公司需要添置 200 万元的办公设备，总经理决定从一家颇具规模的家具店购买。家具店负责销售的主管打来电话，要求拜访一下总经理。总经理心想，等对方来的话就可以直接在订单上签字了。出乎意料的是对方提前来访，因为家具店主管听说该公司的职工宿舍刚刚建成，所以希望职工宿舍的设备也能一起购买。于是，主管带着一堆资料，摆满了桌子。当时正赶上总经理有事，就让秘书负责招待一下。主管等了一会儿，不耐烦地收起资料说："那我就改天再来打扰吧。"

这时，总经理发现那个主管在收拾资料的时候，把自己的名片掉在了地上，而且踩了一脚。正是因为这个小小的失误，销售主管永远失去了这个难得的机会。

这个失误看似微不足道，其实，它是不可原谅的，因为名片是一种"自我的延伸"。名片更是一个人的化身，弄丢他人的名片是一种不尊重的表现，而且在名片上踩一脚，这简直就是对他人的污蔑！

会说话的女人之所以魅力无穷，是因为她知道真诚待人意味着对自己负责。作为一名推销员，你应该遵循的基本原则是：可以圆滑一点，但遇到原则性问题时，切忌不真诚，真诚的推销效果远比口吐莲花更好。

一家大型公司要租用一家酒店的大厅开一个重要的经销商会议。会议即将开始，这时对方通知大型公司要付比原来高三倍的租金。在这迫在眉睫的时刻，公司的总经理只好去找酒店的主管交涉。她说了下面的话：

"我刚接到您的通知时，可以说非常震惊，不过这不能怪您，如果我处在您的位置，或许我也会写出这样的通知，您是酒店的经理，您的责任就是让酒店多赚钱。如果您不这样做的话，您的经理位置就保不住了，那么让我们来算算您坚持增加租金对您是利大还是弊大？

我们先说'有利'的一面：大厅不租给开会的我们，而租给举办舞会、

晚会的人，您就获大利了，因为举办这类活动的时间不是很长，他们一次能付给你很高的租金，比我付的租金高得多，租给我显然您是吃大亏了。现在，考虑一下'不利'的一面：首先您增加了我的租金实际是降低了您的收入，因为等于您把我撵跑了，我付不起您的租金就得再找一个地方开会。还有一件对您不利的事就是这个会议是全国各地来的代表，他们的社会地位、文化教养等都在中等以上，这些人的到来对您来说是不花钱的活动广告。事实上，您花6000元在报纸上登广告也未必能邀请到这么多人来参观您的酒店，但我的会议为您请来了，难道不划算吗？请您仔细考虑后再回答我。"

这样入情入理的恳谈任何人都无法拒绝，最后酒店主管向总经理做出了让步，这位口才出众的总经理给大家上了一堂生动的口才课。无论做任何事，只要我们怀着一颗真诚坦荡的心就一定能获得他人的认可。

真诚的语言赢得他人的信任

在工作中面对你的服务对象，真诚是绝对必要、最基本的礼节。《伊索寓言》中说："如果你说谎了，那么之后即使你说真话，人们也不会相信。"所以，作为一名职场女性，千万不要尝试说谎，即使你只说了一次谎，它仍然会使你名誉扫地。

在推销的过程中，如果你始终能保持真诚的话，你就更容易获得成功。真诚并不意味着要去恭维别人。即使是一个老实人，他也会对虚假的恭维产生反感。所以，请记住，你的顾客本来就对你心存戒心，你千万不要说假话或者毫无根据地进行恭维，这样会让他们对你更加反感和怀疑。你的首要任务是推销产品，而你的客户的目的是想知道你能够为他提供何种服务。

如果你的客户提出了一个你无法回答的问题，那么你应该真诚而坦率地告诉他："对不起，对于这个问题，我现在不能给您一个确切的回答，但我回去后会立刻寻找答案，并很快给您回电。"但即使是这种方法，你也要尽量少用。如果你总是这样说，只能说明你并没有做好充分的准备。只不过这种坦率的回答体现了你的真诚，比用假话敷衍客户要好得多。

如果时间允许，你最好马上动手查找答案。比如，当顾客问及你不熟悉的汽车耗油问题时，你可以说："我们现在就向专家求教。"接着，你带他去找一位汽车技师，让他自己提问并得到答案，你的诚恳就会给他留下深刻的印象。

一次，一个房地产经纪人许先生承担了一项非常艰难的推销任务。他

的责任就是把一块靠近火车站而且交通方便的土地推销出去，但这块土地
毗邻一家木材加工厂，锯木时发出令人难以忍受的噪音，估计这种噪音会
让很多人发疯。

许先生正愁眉不展时，突然想起一个见过的客户。他很想购买一块土
地，他的要求、价位跟自己推销的这块土地差得不多，而且非常巧合的是：
这个客户原来就住在一家工厂附近，噪声整天不绝于耳。许先生最后决定
马上拜访那位顾客。

许先生见到那个客户后介绍说："有一块土地的价格非常便宜，它距
离火车站非常近，交通十分便利。当然，之所以这样便宜是有原因的，它
紧邻一家木材加工厂，那里每天都能听到非常嘈杂的锯木声。如果那种噪
声你能接受，那它应该很适合您的需求。"

这位顾客很快就去现场考察了一下，感觉非常满意。他对许先生说："你
特意说到的噪音问题，我还以为有多严重呢。这种噪音的程度对我来说真
的不算什么。以前，我住的地方每天都有重型卡车经过，而且那种噪音剧
烈地震动着门窗，几乎快把我们逼疯了。而这里的噪声一天只有几个小时，
比原来好多了。所以，我对这里非常满意。你真是个老实人，如果是别人
的话，未必说出实情。你的坦诚令我非常放心，我决定买这块地了。"如
果许先生介绍那块土地时只说优点，闭口不提缺点的话，推销成功的可能
性有多大呢？

这位许先生坦诚地对待客户，说明了自己土地的缺点，从而赢得了客
户的好感和信任。所以，为了维护你的良好声誉，千万不要欺骗别人。被
骗的人会把你的行为告诉他身边的人，这样一传十、十传百，你失去的不
仅是一位客户，很可能是一群客户。

作为一名职场女性，保持真诚是最基本的素质和礼节，是你获得成功
的必备条件。

说真话让你更自信

现在整个社会都在提倡诚信，求职者的诚信不是赶时髦，不是求职的手段，而是求职者对待人生的态度。真正使一个人自信的不是你有多少能力，而是你有多诚实。

某公司对求职者进行最后的面试，从农村来的季小双凭着自己的优秀成绩过关斩将，很有可能成为最幸运的一个。这时，公司副总经理突然想起什么似的，翻了翻她的材料，颇感兴趣地问了句："市教委的季主任好像和你是同乡，你们都姓季，你跟他是亲戚吗？"

季小双听同乡人说起过这位季主任，但她还是据实以答，"我听说过他，但我不认识这位季主任，我们不是亲戚。"副总听到她的回答，说："哦。"

季小双被录用了。后来，她知道那位季主任和这位副总很熟，是大学同窗。

如果她当时不据实以答，显而易见，她在人品方面的考察肯定会大打折扣了。千万别以为"撒个小谎"是聪明，据实回答你的学历、专业经验、人事关系等背景，可能使你的竞争少了些筹码，但却能折射出你正直诚实的人品。在相同条件下，你的人品会为你的胜出加分。

陶先生几次面试都不成功。其实每次他都很在意，穿什么样的衣服、怎样回答问题都事先做了充分的准备。尽管面试时难免紧张，但他总觉得

掩饰得还不错，不会被人看出来。可不知何故，面试总是不能通过。

也许是心灰意冷，也许是破罐破摔，当再次接到一家外企公司的面试通知时，陶先生穿着一身朴素的衣服，没有刻意的装饰，他决定做一次完全坦白的自我，大不了再经历一次失败。

面对考官时，陶先生自我感觉很轻松。当总经理递给他一份英文文章时，陶先生坦白地说看不懂。总经理笑笑说，文章里都是专业术语，你们学文科的不一定看得懂。这时候，陶先生感觉不像是考官和应聘者在对话，倒像是朋友之间的聊天。

没过几天，陶先生竟收到了录用通知书。事后，总经理告诉他，在100多个应试者中，陶先生不是最优秀的，但坦诚的态度使陶先生成了他最愿意聘用的人。

成绩优秀的大学毕业生王刚参加了一次大公司的面试。自我介绍后，主考官就向他提了这样一个问题：公司有一个竞争对手，近期策划了一个大型活动，这个大型活动应该说创意和操作都颇为成功，且也收到了良好的社会效益和经济效益，你对这件事有什么看法。

王刚想坦白说，但又一想，自己不大了解情况，且若说竞争对手的好话，这位公司主管一定不高兴。他在脑海里仔细斟酌了一下，含糊地说了几点活动"不成功"的地方。

主考官听后说："是吗？我倒觉得此次活动非常成功，也值得我们公司好好学习借鉴。"王刚顿时后悔莫及，他如果说的是心里话就好了。

本想投其所好、见风使舵，没想到因为顾虑过多，反而弄巧成拙。王刚因自己的不诚实付出了代价。

人不能没有真诚，即使是最无耻的骗子也有知心的朋友，也有说真话的时候。同样，生活从不真正禁绝谎言，谎言虽不可提倡赞扬，但你也不必对它深恶痛绝。因为谎言同人类与生俱来，哪个人敢说自己"从不说谎"呢？这句话本身就是一句漂亮的谎言。但恶意的谎言应属造谣、诽谤！英国人文主义者阿谢姆说："在适当的地方说适当的谎言，比伤害人的真话要好得多。"可见，说谎是人类生活中不可避免的现实，也是一种自我保护的生存计策！

诚实固然是值得称道的美德，可是却不容易时时做到，对人对己都一样。在求职面试过程中，必要时也可用善良的谎言去获得考官的信任，或以谎言掩盖真实（自己的短处），或以部分真实（自己的优势）来掩盖谎言，从而取得考官的信任和自我的成功。我们把这种"此地无银三百两"或"此地有银三百两"的计策称为"以诈取诚"。

在求职面试的过程中，"以诈取诚"之计有三种表现：

1. 以虚掩实

在适当的时候，可以用善意的谎言去掩盖真实（对求职就业不利的方面）。当然，这里所说的"虚"和"实"都是相对而言的。为了谋得一份理想的职业，在推销自己的过程中，可以利用自身的优势去求职。在表现你的优势时，有不同的表现方式，善意的谎言就是表现方式之一。

一位中文硕士为了能在外贸部门谋得一个理想职位，说自己是外语系毕业的硕士生。当然，他的外语水平又的确不凡，通过过五关、斩六将，他得到了这份工作。他从外语系毕业是虚、中文系毕业是实，可他的外语水平远比中文水平高又是实。如果他告诉主考官说自己是中文系毕业的实话，那么在众多的真正外语系毕业的求职者中，尽管他的英语水平出类拔萃，恐怕连第一关都过不了。但不管怎么说竞争还是凭实力的，为了让你的实力被人承认和欣赏，是可以用"以诈取诚"这种手段的。

2. 以实掩虚

有时需要用部分真实来掩盖谎言，使说出去的谎言能够掩盖虚假之处，给人一种十分真实的感觉。

比如，身材矮小的人易给人一种真实感，因为身材矮小是对方当场就能看到的事实，这是一种真实，通常容易使人产生错觉，觉得他所说的话也是真实的。有一个小个子年轻人就喜欢说："我们矮人不说大话。"实际上，他是用身材矮小的事实掩盖说话中的虚假之处。

3. 虚实相间

我们常听到有人抱怨他人或自己的朋友，说不知他说的话哪句是真，哪句是假。其实，在日常生活中，人们说话时总是虚实相间、真假各半的。所以，"以诈取诚"在求职就业过程中最常见的表现形式就是虚实相间。要想把"以诈取诚"之计运用得恰到好处，还有两个要诀需要掌握。

（1）斩钉截铁

即讲话时要语气坚决，斩钉截铁地加以肯定或否定，这比预期不明确的消息更具有强烈的传达力和说服力。说话时要有一副千真万确、信心十足的样子。比如在参加竞选时，经常听到"我所说的话，一定会付诸实现"，"我绝不会辜负各位的信赖"这样的语句，人们在听到这种充满信心和斩钉截铁的语气以后，就逐渐被你说服。相反，语气较弱的话语，说服力就减少了许多，听上去真实感也不那么强烈。

在求职就业的过程中，有时要借用别人的话，把无根据的话说成有根据的话来取得对方的信任。如果不是你直接得来的消息或情报，你故意先说出"我也是从某方面听来的"这句话，然后再透露消息般地把要说的话说出来，人们就容易相信，从而达到你的目的。

（2）"醉翁之意不在酒"

你要学会以仿佛要忠告对方的态度，让对方接受不利的内容。以这种方式获得对方的信任，达到你的目的，这是劝告的技巧，也是"以诈取诚"这一手段的具体运用。

人总是比较容易接受了解自己的烦恼和感受的人的劝告，而且易产生一种"知我者你也"的相见恨晚的感觉。

　　因此，你要先将自己的想法隐藏在心中不说，假装出一副若无其事而又倾听对方讲话的样子，聆听对方的不满和烦恼。在对方将自己心中的话都宣泄出来后，再以谅解的语气去说服对方，使对方感到你是为他着想，使他产生开放的心理。当这种心理出现以后，纵使你提出不利于他的内容，对方也会轻易接受，这才是你的真正目的，而劝告只不过是你取得对方信任、达到目的的技巧而已，这就叫"醉翁之意不在酒"。

　　不要忘了，"以诈取诚"之计的运用永远是有限度的，只能在适当的时候、适当的地方运用，又要有适当的手段，但为人处世仍要永远以诚为本。

第三章

巧口才，话要说到点子上

人们天天都在说话，有的人说起话来口若悬河，似乎口才非常不错，但实际上这并不能代表你会说话。真正会说话的人说得不一定多，却能一语中的；声不在高，却能令所有人洗耳恭听。会说话的女人具有强大的亲和力，能很快与人打成一片，在三言两语之间达到自己的目的。

话说到位才能收拢人心

说话并不是漫无目的地闲聊，有些话并不是两片嘴唇一碰就能说出来的，而是需要一种宽阔的胸怀和做大事的豁达。所以，在某些特殊情况下，从某些特殊的人嘴里说出来的话总能让人感到千钧之重。

作为一位领导者，如果身边没有几个忠臣义士是万万不可的。所以，领导者必须学会说些收买人心的话以得到他人的忠心。

秦穆公就非常注重施恩布惠，收买民心。一次，秦穆公最喜爱的一匹千里马跑掉了，最后被不知情的百姓抓住杀掉，成为了他们一顿美餐。官员们得知消息后大惊失色，立刻决定把吃了马肉的百姓都抓起来，准备进行严厉的惩罚。秦穆公听到禀报后却说："君子不能为了牲畜而害人。算了，现在惩罚也毫无意义了，马已经没有了，放他们走吧。我听说过，吃了好马的肉却不喝酒对身体是没有好处的。再给他们一些酒，让他们拿回去喝吧！"

又过了几年，晋国大举入侵，秦穆公率军抵抗。当时有三百勇士主动请缨，原来他们正是当年被秦穆公放掉的吃马肉的百姓。他们为了报答秦穆公的不杀之恩，奋勇杀敌，不但救了秦穆公，而且帮助他活捉了晋惠公，获得了最后的胜利。

可见，领导要学会收拢人心，只有这样，才能有人在危急时刻心甘情愿地为你效劳。当然，有些话看似没有多少分量，但从特殊人物的嘴里说

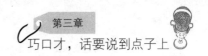

出来，也能产生神奇的效果。

一天，宋太宗在北陪园饮酒，大臣王荣和孔守正在一旁侍奉。两位大臣喝得酩酊大醉，而且大声争吵，有失臣子的礼节。有人奏请太宗应该把这两个人抓起来送到礼部治罪，但太宗没有采纳，派人把他们送回了家。

第二天，两位大臣醒了酒，想起昨晚在皇帝面前酒后无礼的行为，心里感到非常恐惧，便一起跪到皇帝面前请求治罪。宋太宗面带微笑地说："昨晚的事朕都记不清了，你们跪在这里干什么？"

宋太宗说自己也喝醉了，这不但没有丢失皇帝的脸面，而且让两位大臣以后好自为之。皇帝的难得糊涂，既表现出了风度，又收买了人心。

总之，在人生的大舞台上，无论你是大人物还是小人物，会说话的女人都应该在紧要关头说几句能打动人心的话，这样不仅显出你的宽宏大度，而且为你创造良好的人际关系。

好口才就是抓住关键，点中要害

说话时要讲究技巧，如果不能攻击到对方的要害，就收不到良好的效果。所以，会说话的女人在说话时，不是与对方不停地周旋，而是抓住问题的关键，一语击中要害。如果能把这点发挥得恰到好处，就可以帮助你成就大事。

一次，汉代著名丞相萧何向高祖刘邦劝谏，请求把上林苑里的大片空地让给百姓耕种。上林苑是专为皇帝游玩狩猎消遣的一处园林。刘邦一听萧何想占用自己的园林，不禁大发雷霆，认为萧何一定是收受了老百姓的贿赂，才这么卖力地为百姓说话的。于是，萧何被关进大牢，准备受审治罪。当时的法官廷尉为了讨好皇上，决定只要皇上认为某人有罪，就不惜用大刑使犯人服罪。在这生死关头，一位姓王的侍卫官劝告刘邦说："陛下还记得您与项羽对抗以及后来铲除叛军的时候吗？当时皇上在外亲自带兵讨伐，只有丞相一人驻守关中，百姓非常拥戴丞相。如果丞相真有利己之心，那关中早就不是陛下您的地盘了。您认为，丞相会在一个可大谋利而不谋的情况下，去贪图百姓的那点小利吗？"

简单的几句话，句句击中要害。刘邦深有感触，终于认识到自己的鲁莽，辜负了丞相的一片诚心，感到非常惭愧。于是，刘邦当天下令释放萧何。

世界上，最会说话的人不是口若悬河、滔滔不绝的雄辩之士，而是那些言简意赅、恰如其分地阐述自己观点的人。会说话的女人总能在关键时刻、关键场合，用最简单的语言把意思表达到位，把话说到点子上，这是决定一个人成功与否的关键性因素之一，也是一个人成熟稳重的重要标志之一。

德国著名诗人布莱希特讨厌那些冗长单调而没有多大效果的会议。一次，有人邀请他参加一个作家聚会，并让他致开幕词。布莱希特本来不愿参加，但举办者不肯罢休，他们想方设法，直至布莱希特无奈地答应了他们的请求。

开会那天，主办人讲了一通很长却没有实质性内容的贺词，然后高声激动地宣布："现在，有请布莱希特先生为我们这次大会致开幕词！"

布莱希特站起来，快步走向演讲桌前。参会的记者们赶紧掏出笔和小本子，相机也开始咔嚓咔嚓地响个不停。

不过，布莱希特却令某些人大失所望。他只讲了一句话："我宣布，会议现在开始！"与主办人的冗长贺词形成了鲜明的对比。可是，你不能否定他这是一语中的。

抓住关键点，最重要的就是说出你要谈论的主题，其他的客套话尽量少说或者不说，这样你的听众才不会感到烦乱。当然，在运用这种方法时必须针对特定的对象，不是所有的人都适用。假如对方不是你很熟悉的人，而你一上来就开门见山、直奔主题，势必让人感到唐突，其效果也是可想而知的。

应该注意的是，说话简洁绝非"苟简"，为简而简，以简代精。简洁要从实际效果出发，简得适当，恰到好处，否则硬是掐头去尾，只能捉襟见肘，挂一漏万，得不偿失。我们必须承认，任何事物都具有双重性，简短的语言有时很难将非常复杂的思想感情清晰地表达出来。与人交往，过简的语言则有碍于相互的了解。总之，简短应以精当为前提，该繁则繁，能简则简。

看准情势，巧"和稀泥"

我们在生活中偶尔会遇到一些争端，解决争端往往并不太容易。此时，你需要恰到好处地"和和稀泥"，改变一下思路，找到消除障碍的钥匙，让对方想争都争不起来，问题也就迎刃而解了。

"阿明，你就让一步嘛。阿坚又不是故意的，再说为了一句无心的话，值得你动怒吗？咱们可是十多年的朋友啊！"吴军说完，又转身对阿坚说："阿坚，你就向阿明道个歉嘛，向老哥们道歉不是什么丢人的事，十多年的交情可比你的'面子'重要啊！道歉后，你、阿明和我，咱们都还是铁哥们儿。"

在吴军的两边劝说下，阿明和阿坚碰了一下杯，酒席上的气氛又变得热闹起来。吴军对两个朋友劝和，尽量使气氛变得融洽，这就是"和稀泥"。

对于朋友之间无关紧要的小摩擦，作为在场的第三者，我们不妨采用"和稀泥"的方法来调解，这种方法也是口才高手们在公众场合经常使用的一招。当然，在某些特殊情况下，是不宜"和稀泥"的，但对于无关原则、无关大是大非的小分歧和争吵，作为朋友的我们，就不妨"和稀泥"。"和稀泥"一般有以下几种情况：

1. 以情致胜

当两个人闹意见时，第三者可以拿双方过去的情分进行劝说，使他们主动"退却"，或者以自己与他们每个人之间的情谊作筹码，说："你们都是我的好朋友，你们闹僵了，让我也很难过，就看在我的面子上，握手言和吧。"一般说来，双方都会领第三者的面子，顺梯就下了。

2. 随机应变

太真了，反而误事，碰到这种情况，第三者就应随机应变，以假掩真，然后顺水推舟，变难堪的场面为活跃、融洽。

3. 支离拆分

如果双方火气正旺，大有剑拔弩张、一触即发之势。这时，第三者即可当机立断，借口有什么急事(如有人找，或有急电)，把其中一人调走支开，让他们暂时隔离，等他们消了火气，头脑冷静下来了，争端也就趋于平息了。

不过，"和稀泥"要和得好、和得妙，否则不但双方不领你的情，反而会溅你一身泥，怪你多管闲事。如此，你岂不得罪了朋友吗？因此，"和稀泥"要谨慎，要恰到好处，才能皆大欢喜。

不过，在"和稀泥"之前，你得先掂掂自己的分量再说也不迟。假如你的年龄比别人轻，辈分比别人小，就不适宜出面"和稀泥"，因为人微言轻，没有人会尊重你的意见，更不会在怒火万丈时去听一个无名小辈的话。如果是领导之间发生争论，你更不宜出面"和稀泥"，因为领导会认为你是一个普通员工，没有资格去调停他们之间的"战争"，再说，他们之间的争论有时还涉及公司的商业秘密，而这些都是不能被普通员工知道的。你如果站出来去调停，就有泄密之嫌。恋人之间发生争吵，也不要冒然去劝说，除非是得到了一方的暗示或者邀请，否则有可能越和越乱、越和越糟。

巧解麻烦，不伤和气

朋友之间难免会出现一些"麻烦"，比如争吵、意见分歧、经济纠纷等。如果你不能妥善处理这些"麻烦"，就会造成情断义绝，甚至反目成仇的情况；如果能够及时处理，就会尽释前嫌、友谊长存。所以，妥善及时地处理存在的"麻烦"是非常重要的。

1. 与朋友意见分歧

在交谈的过程中，你的观点难免会与朋友的看法不一致，这时你应该采取的正确态度是"求同存异"。马克思和恩格斯在争论问题时就是这样的。面对法国科学家比·特雷莫写的一本书，两个人的意见分歧很大，恩格斯认为"毫无价值"，马克思却认为"很好"。一场激烈的争论过后，马克思最后接受了恩格斯的意见，而对其他问题，则坚持自己的看法。这种求同存异的做法避免了伤害彼此的感情，也是朋友之间彼此尊重的体现。所以，朋友之间存在歧见时，观点上疏离了，感情上不能疏远。

首先，要继续保持真诚和信任。不要因为双方存在分歧而侮辱朋友，抵触排斥对方。在必要的时候，你在某些场合还要维护朋友的利益。

其次，暂时保持距离。当你眼看着一场激烈的争论一触即发时，应尽量使对方的歧见处在一种"冷冻"的状态，用时间和事实来证明一切。

最后，保持平等和尊重。不要执拗地认为你就是对的，别人就是错的。即使你的态度百分之百地正确，对方千真万确是错了，他会感觉你对他不够尊重，并产生抵触情绪。所以，尽管你们意见不同，但必须保持应有的平等和尊重。

2. 和朋友有经济纠纷

一般情况下，在经济上最好少与朋友往来，如果处理不当出现经济纠纷，一定会影响朋友之间的感情。可能你会认为，朋友之间应该同甘共苦，在金钱上相互帮助没什么，但时间一长，各种弊端就会逐渐暴露出来，各种麻烦会层出不穷……最终伤了和气，不欢而散。那么，到底该如何处理朋友之间的经济问题呢？

首先，要弄清楚产生纠纷的原因，是朋友误会自己还是自己确实弄错了。"亲兄弟，明算账。"你要向朋友交代清楚经济往来的全部账目，让他相信你没有任何隐瞒。

其次，按合同或约定办事。坚持按照事先商量好的方案来解决纠纷，这样谁都不会有意见。

最后，协商解决的办法。"解铃还须系铃人"，朋友之间的纠纷需要双方坦诚相待，一起协商解决纠纷的办法。只要你们之间不存在欺骗，麻烦很快就会得到解决的。

废话连篇，不如直截了当

人们最不喜欢废话连篇、半天说不到点子上的人。言简意赅，不说废话，这样的人才显得干练。在日常交往中，女性朋友们注意把话说得简洁些、通俗些，才能处处成为受欢迎的人，从而获得好人缘、好发展。

要做到说话简洁明快，可从以下几个方面入手：

1. 言简意赅

一般来说，话说得越简明越好，有的人在叙述一件事时说了很多，却无法把自己的意思表达清楚。听者花了很多时间和精力，最后弄得一头雾水。如果你有这种毛病，一定要自己改正。最好的办法是，说话之前先在心里做一个初步的计划，然后把打算要说的内容讲出来。

2. 不要有过多的重叠用语

有时的确需要用叠句以引起别人的注意，或者加强语气。但如果滥用叠句，会显得非常累赘。如：许多人在疑惑不解的时候经常说："为什么？为什么？"其实，一个"为什么"足以表达你的疑惑之意了，偏要多加一个没有任何意义。

3. 同一词语不可频繁出现

一般来说，听者都希望说者的语言丰富多彩。我们虽然做不到像名人那样，每说到一件事都要创造一个新词，但应在最大限度内使自己的语言表达做到多样化，避免重复使用同一个词汇。即使是一个新奇的词，你在短短几分钟内频繁使用，也会令人产生厌倦之感。

4. 不要滥用术语

在平时的交谈中，我们的语言不能太粗俗或者太深奥。如果不是相关方面的专家，术语也尽量少用更不能滥用。滥用术语让人听起来感觉晦涩难懂，不会给你的语言锦上添花。

5. 避免口头禅

有些人在交谈时爱说口头禅，诸如"就是"、"我认为"、"很明显"、"没问题"等。无论这些话与所说的内容是否有联系，几乎总能脱口而出。这样的口头禅说多了，不但影响说话的效果，而且容易被人当成笑料。因此，一定要将这类口头禅从你的言语中彻底剔除。

6. 杜绝粗俗的语言

常言道："言语是个人学问品格的衣冠。"一个温文尔雅的人，如果一开口就粗俗不堪，那么别人的仰慕之情立刻会烟消云散。其实，这些人中有相当一部分不是学问品格不高，而是在追求语言的新奇中，不自觉地染上了这种坏习惯。

第四章

幽默，为你的生活锦上添花

俗话说："相逢一笑泯恩仇。"幽默是摆脱尴尬窘境的妙方。在日常交际中，我们经常会遇到一些意想不到的难题。如果你是一个幽默的人，就可以巧妙地为自己和他人化解难堪，为生活增添更多的欢声笑语，让自己的人际关系变得更和谐。

幽默来了，距离没了

　　幽默的力量是属于你自己的，是你和你在人生中扮演的角色所拥有的。这种力量使我们能够摆脱困境，使我们能够自由自在地表现自己、表达想法和感受，使我们可以自由地去冒险，表现不平凡的作为，创造有价值的人生。

　　有时，我们需要表达对他人的仁爱、同情和安慰，但这种表达如果方法不当，反而使我们劝慰的人产生被怜悯的感觉。在这种时候，我们不妨幽默一下，一定会取得不凡的效果。

　　一个男人对一个刚刚相聚的朋友说："我结婚了。"

　　"那我得祝贺你。"朋友说。

　　"可是又离婚了。"

　　"那我更要祝贺你了。"

　　通过一个幽默委婉地表达对朋友的安慰之意，既不会伤害朋友的自尊心，又很好地达到了自己的目的。

　　幽默的语言往往能融化人际关系的冰霜，促进人与人之间的和谐，避免可能发生的冲突。幽默使我们认识到：与社会和人生的重大问题相比，我们的某些忧虑是微不足道的，人们之间的矛盾大多是可以调解的。如果我们能够轻松地看待身边的小事，就可以避免许多不必要的紧张和忧虑，使人心情舒畅，还能以此开导他人、解决争端。

一家公司的总经理和税务局产生了矛盾，双方都很难心平静气地坐到一起，但有一个重要的会议需要双方必须参加。他们不得不都来，但双方都采取视而不见的态度。此时，会议的主持人注意到了他们的矛盾。经过短暂的思考后，他向参会者介绍这位总经理时说："下一位发言的先生无须我多说，但他的确需要一位好的税务律师。"下面的听众哄堂大笑，总经理和税务局局长也都抿嘴一笑。

在现代快节奏的社会中，繁忙的工作和各种复杂的人际关系使人们之间的矛盾日益增多，日常生活的摩擦冲突更是接踵而至。如何轻松解决、避免争吵，使自己摆脱各种烦恼，的确需要我们认真思考、动动脑筋。善用幽默的职场女性往往能游刃有余、灵活应对。

美国第30任总统约翰·卡尔文·柯立芝的一位女秘书，人长得非常漂亮，但在工作中经常因粗心大意而漏洞百出。

一天清晨，柯立芝看见秘书穿着漂亮的衣服走进了办公室，便对她说："今天你穿的这身衣服非常漂亮，正适合你这种年轻漂亮的小姐。"从总统的嘴里听到这样的赞美，让女秘书感觉受宠若惊。接着，柯立芝笑着说："但也不要骄傲，我相信你的工作能力一定和你本人一样漂亮。"果然从那天起，女秘书在工作中很少出错了。

后来，一位朋友得知此事，便问柯立芝："这个方法很妙，你是怎么想出来的呢？"柯立芝得意地说："这个非常简单，你一定看过理发师是怎么给人刮胡子的。刮胡子之前先涂上肥皂水，为什么呢？就是为了刮起来让人感觉不疼。"

作为领导，对下属进行人性化的管理，你将会受益无穷。当运用幽默的力量管理下属时，你会发现不仅很容易将责任托付给人，而且能使其更自由地发挥创新精神。

借助自嘲，让自己体面地解脱

人际交往中，在人前蒙羞、处境尴尬时，用自嘲来应对窘境，不仅能很容易找到台阶，而且多会产生幽默的效果。所以，自我解嘲，胳肢自己几下，自己先笑起来，也是一种很高明的脱身手段。

一个胖子摔倒了，可以说："如果不是这一身肉拖着，还不把骨头摔断了？"换成瘦子，又可以说："要不是重量轻，这一摔就成肉饼了！"

一位矮个子学者在一次演讲中说到妻子嘲笑自己身材太短，他这样回应："我看还是矮点好，我如果不是一米五七，现在能够与著作等身吗？如果不是我身材短小，我们的战斗你能场场取得胜利吗？如果不是我矮，你能很优越地说我太短吗？"话毕，全场叫绝。

由此可见，自嘲时对自己的某个缺点猛烈开火容易妙趣横生，但就这种气度和勇气，别人也不会让你孤独自笑，一般都会陪你笑上几声。

某人要出国进修，他的妻子半开玩笑半认真地说："你到那个花花世界，说不定会看上别的女人呢？"他笑道："你瞧瞧我这副尊容：瓦刀脸、罗圈腿，站在路上怕是人家眼角都不撩呢！"一句话把妻子逗乐了。

人人忌讳提自己长相上的缺陷，可这位丈夫却能够接受自己的先天不足，并不在意揭丑。这样的自嘲体现了一种潇洒的人生智慧，比一本正经地向妻子发誓绝不拈花惹草，效果要更好得多。当你陷入尴尬的境地时，借助自嘲往往能使自己从中体面地解脱。

解放前上海有位叫姚明晖的教授，体弱清瘦，总是宽袍大袖。入冬畏寒，他头戴大风兜，只露出眼镜、尖尖的鼻子和一撮山羊胡须，样子很滑稽。

一天上课，一进教室就看见黑板上不知谁画了个酷似他本人的猫头鹰。姚教授毫无怒色，拿起粉笔，在旁边写了一行字："此乃姚明晖教授之尊容也。"他那大智若愚的通达、闲适自处的超俗，使学生们对他产生了高山仰止的尊重。

许多伟人、名人，在公共场合都曾谈笑风生地横说过自己。由此可见，适时适度地自嘲，不失为一种良好修养，一种充满魅力的交际技巧。自嘲能够制造宽松和谐的交谈气氛，能使自己活得轻松洒脱，使人感到你的可爱和人情味，有时还能更有效地维护面子，建立起新的心理平衡。

笑自己，笑自己的观念、遭遇、缺点乃至失误，甚至笑自己的长相、自己狼狈不堪的处境，都可以变被动为主动、表达自己的看法、解释彼此的误会、消除人际隔阂。如果只是一厢情愿地取笑别人，最后还是会被众人取笑；而笑自己，却是对自己的问题画个句号，如果别人再为之而笑，已经不会再构成伤害了。

适度的夸张，恰是幽默的艺术

自吹自擂的幽默作为一种"厚脸皮"的幽默技巧，能广泛地用于日常生活中。不管你处于什么样的情形之下，都可以毫不脸红地把自己吹嘘一番。当然，你所"吹"所"擂"的东西应与现实情况有较大差异，并且表意明确，让对方很容易通过你的话语看出你的名不副实，这样幽默才能顺利产生。

有一次，萨马林陪斯图帕托夫大公围猎。闲谈之中萨马林吹嘘自己说："我小时候也练过骑射，即使说不上精通，也算得上箭不虚发。"

大公让他射几箭看看，萨马林再三推辞不肯射，可大公非要看看他"箭不虚发"的本事。实在没办法，萨马林只好拉弓搭箭。

他瞄准一只麋鹿，第一箭没有射中，便说："罗曼诺夫亲王是这样射的。"他再射第二箭，又没有射中，说："骠骑兵将军是这样射的。"第三箭，他射中了，他自豪地说："瞧瞧，这才是我萨马林的箭术。"

自吹自擂往往与现实形成反差，幽默就从其间产生。自吹自擂的时候，可以毫不脸红，却免不了误打误撞，言过其实。不过，从制造幽默的角度来说，情况与事实有出入而自己却津津乐道，恰能透出浓浓的幽默情趣。请再看下面的例子：

马辉自以为精通棋道，总是不服输，又很爱吹牛。有一次，他与人连下三盘，盘盘皆输。过了几天，有人问他："那天的棋下了几盘？"他回答说："三盘。"人家又问："谁胜谁负？"他脸不红心不跳地说："第一盘我没能赢他；第二盘他又输不了；第三盘我想和，他却不干！"

自吹自擂是夸大其辞的一种，夸大其辞就是用荒谬夸张的话来表达幽默，使人备觉趣味。夸张之所以能造成幽默效果，是因为这些话题与内容经过夸大之后，变得不合常理，大大出人意料，从而造成幽默的效果。下面这个幽默故事就运用了夸张的幽默手法。

有一个美国人和英国人在一起互相吹牛。

美国人说："我们美国人很聪明，发明了一种制造香肠的机器！这种机器真是神奇，只要把一头猪挂在机器的一边，然后转动机器的把手，那么香肠就可以自动地从机器的另一边一条一条地转出来！"

英国人一听，不屑地说："这有什么了不起？这种做香肠的机器我们早就有了！你们美国人真是少见多怪！我们早就把这种机器改造得更加神奇了！"

"怎么神奇？"美国人问。

"我们新的制作香肠的机器，只要做出来的香肠不符合我们的口味，我们就可以把香肠放在机器的一边，然后'倒转一下'机器的把手，那么机器的另一边就会跑出原来的那头猪。"

上面故事中，美国人的话虽然也十分夸张，但英国人的话比美国人的话更能产生幽默效果，这是因为英国人的话带有更加明显的荒谬性，从而使整段话发生了质的变化，幽默也就展现出来了。很多幽默的成功，都在于对关键的地方用语言进行恰到好处的夸张。

别太严肃，指责的话也可以幽默地说

在生活中，谁都不免会犯或大或小的错误。面对他人的错误时，我们经常会把控不住自己的情绪而横加指责。当双方产生严重的分歧时，如果你能抛开严肃的态度，用幽默的语言传达暗示性的责备，那么对方更愿意接受你的意见，而且不伤害其自尊和你们之间的感情。

一位顾客在一家餐馆里用餐，他正把米饭里的沙子一粒粒地挑出来放到桌子上。服务员看到此举不好意思地说："里面的沙子不少吧？"顾客微笑着点头说："是啊，不过还是有一点米的。"

故事中的顾客并没有直接指责米饭的质量不好，而是用服务员说的"沙子不少吧"大做文章，幽默地指出"饭里除了沙子还是有一点米"的意思，通过先肯定后转折的方式表达了自己的不满。这样的责备不但向服务员表达了不满，而且没有引起对方的反感。幽默的魅力在于总是和颜悦色地指出错误，让人们在笑声中认识到错误，从而顿悟改正。

"难言"之时用幽默委婉表达是一种让人拍案叫绝的方式。这种方式要求人们间接地而不是直白地表达自己的意思，在制造幽默时无论在素材还是思维方式上都可以真假并用，而且具有很大的假定性。用这种技巧处理一下你的表达内容，使之更耐人寻味，你就可以通过委婉曲折的形式使对方领悟了。看下面的一个对话：

作者："张老师，我的这首诗，您觉得怎么样？"

编辑："写得真是太好了，意境非常高，完全可以公开发表。但是，有一点需要略做改动。"

作者："真的吗？那就麻烦您帮我修改一下吧！"

编辑："只要把你的名字改成徐志摩就行了。"

这位编辑用幽默的语言既曲折地表达了自己的意见，又给作者留下了台阶。如果编辑直接说"你这首诗完全是照抄徐志摩的"，虽然语言简洁，意思表达非常清楚，但这样过于一本正经会明显伤害作者的自尊。

生活中，我们会对身边的亲人有各种各样的看法，有时候是好的，有时候是坏的。当我们有了对亲人不好的看法时，如果直言不讳、直接指责，难免会伤害对方。如果你给指责穿上一件幽默的外衣，对他人的缺点做善意的批评，那么对方不但会心甘情愿地改正错误，而且不会伤害彼此的感情。

妻子对丈夫说："我生了女儿，你妈妈说什么了吗？"

丈夫回答："没有，妈还夸你了呢。"

妻子严肃地说："真的，怎么夸我的？"

丈夫一字一句地说："夸你有福气，将来不用担心看儿媳妇的脸色过日子了。"

这位丈夫没有直接表达对妻子不孝顺公婆的不满，而是用幽默的语言比较温和地批评了妻子，让妻子能站在一位母亲的角度看待婆媳关系，使她在回味之余接受批评并改正错误。

幽默的语言，营造积极、热烈的氛围

幽默是一种特性，一种引发喜悦、以善意愉快的方式娱人的特性；幽默是一种能力，一种了解并表达幽默的能力；幽默是一种艺术，一种比笑话更高超的艺术。而所有这些，会使凌厉的唇枪舌剑更柔和一些，幽默则成为一种盾牌。

在谈判时，幽默是营造气氛的法宝。幽默感和幽默力量是谈判者应具备的素质之一。

谈判气氛是谈判对手之间的相互态度，能够影响谈判人的心理、情绪和感觉，从而引起相应的反应。

在通常情况下，谈判者双方希望在良好的氛围中进行谈判、解决问题。因此，在谈判开始后，谈判者的一项重要任务就是用幽默"化干戈为玉帛"，变消极为积极，营造出和谐友好、热烈严谨的谈判气氛。想做到这一点，就要求谈判者必须具有适时幽默的技巧。

一个个体商人向某商场推销一批质次价高的背包。在谈判过程中，商人极力吹嘘背包的质量说："经理，你就决定了吧。包的质量肯定没有问题，它的寿命将和您的寿命一样长。"经理翻看了一下样品，微笑着说："我昨天刚做完体检，没有任何问题，我可不信自己很快就会死。"

在谈判中，经理巧妙地利用商人过分夸大背包质量的时机，用幽默的话语道出了自己对背包质量的看法。适时的幽默不但体现了经理的高素质，

150

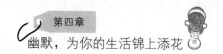

而且令商人无法辩解，只得知难而退了。

幽默是避免尴尬气氛的"灵丹妙药"。在谈判中有时由于言语不合，气氛很快变得尴尬沉闷，适当地运用幽默的语言能够轻松地化解尴尬。

一位女士怒气冲冲地闯进一家食品店，向店员质问道："为什么你家卖出的甜点每次都缺斤少两呢？"店员看起来非常镇定，仔细想想之后礼貌地对女士说："女士，为什么你不给你家的宝宝称称体重，看看他是不是变胖了？"女士顿时哑口无言，恍然大悟后心平静气地说："哦，实在是对不起，误会你们了。"

店员用幽默的语言委婉地指出了女士所忽视的一个可能性：馋嘴的小孩会偷吃，既维护了店家的信誉，又照顾了顾客的面子，从而避免了一次争吵。

谈判的目的是为了达成合作意向，满足各自的需要。因此，在谈判过程中不必抓住一些小问题不放，要着眼于全局，大度而有策略。当谈判出现僵局时，双方都应积极采取有效的措施来化解。毋庸置疑，运用幽默是你最好的选择。

幽默要见机而用。切忌用比较低俗的方式，如学方言、扮女声等强作幽默。这样的幽默不但不能令人回味无穷，而且会使人倒胃口，破坏良好的谈判氛围。

幽默口才，你得学会这几招

一位哲人曾说："幽默是我们最亲爱的伙伴。"我们的生活、人生都不能缺少幽默。没有幽默，生活将会变得枯燥而单调。幽默是思想、学识、智慧的结晶，是一种能在不知不觉中打动人、感染人的力量。当你把幽默作为礼物赠与他人时，你会得到更多的回报。

在现代社会中，幽默越来越成为一种人们非常看重的个人能力。那么，如何使你的语言变得更加幽默呢？试试使用下面的一些技巧吧。

1. 隐含判断

隐含判断的方式因其具有含蓄性，暗藏锋芒，表面观点和实际观点既有千丝万缕的联系，又有大跨度的差距，虚实对比之下往往会显得风趣谐谑，所以能产生十分强烈的幽默感。

一个晚上，英国政治家约翰·威尔克斯和桑威奇伯爵在伦敦著名的牛排俱乐部里共进晚餐。酒过三巡后，桑威奇伯爵略带醉意地跟约翰·威尔克斯开玩笑地说："我经常想，你一定会死于非命，不是天花，就是被绞死。"威尔克斯马上回击说："我的伯爵先生，那要看我是喜欢伯爵夫人还是喜欢伯爵了。"

"隐含判断"的幽默在于它不是一览无余，而是给人留下回味思考的空间。这个空间趣味无穷，机锋无限。

2. 正话反说

说出来的话，所表达的意思与字面正好相反，就是正话反说。如果字面上是肯定，而意义上就是否定；如果字面上是否定，而意义上就是肯定。用这种方法能在不直接指明对方错误的基础上，使他们自我反省并认识到自己的错误。

有一则宣传戒烟的公益广告，上面不但不提吸烟的危害，反而却说吸烟的四大好处：

一、节省布料，由于吸烟的人易患肺痨，导致驼背、身体萎缩，所以做衣服就不用太多布料；

二、可以防蚊虫叮咬，浓浓的烟雾熏得蚊虫受不了，只能远远地躲开；

三、可以防贼防盗，吸烟的人易得气管炎，整整一晚咳嗽不止，盗贼以为主人未眠，于是不敢贸然下手；

四、可以永葆青春，不等年老便可进棺材了。

上述的吸烟四大好处，实际上说的是吸烟的危害，正话反说使烟民们在幽默的笑声中悟出了背后的真理：吸烟有害健康。

3. 细节法

"细节法"就是要求人们在生活中善于观察，在对问题的推理过程中发现漏洞，尤其是从反面发现细微的疏漏，将其微小的可能性当作立论的出发点。"细节法"的特点是把一个极其微小的可能性引申成现实，尽管最后不一定能防止对方提出另一种更大的可能性。

一天，英国著名的女舞蹈家邓肯给萧伯纳寄去一封热情洋溢的信。

信中这样写道："如果我们两个结合，生个孩子，那对后代来说一定是件好事，他有你那样的头脑和我这样的身材，这该是多么美妙的事情啊！"

萧伯纳在回信中表示受宠若惊，然而自己不能接受这样的好意。他这样说："那个孩子的运气可能不会太好。如果他有我这样的身材和你那样的头脑，那就太糟糕了。"

4. 正题歪解

对提问无法回答、无需回答、不便回答时，故意答歪、转移视线便能产生幽默的效果。不愿做某事时，也可以采取假痴不癫、似乎不理解的态度，故意歪答以达到拒绝的目的。

《吕氏春秋》中记载了一个故事：古代没有钟表，人们根据太阳的方位来判断时间。楚国的庄伯让父亲看看太阳在什么位置时，他的父亲不想去，就回答说："太阳在天上。"庄伯又说："去看看太阳怎么样了。"他的父亲说："正圆着呢。"庄伯着急了，又说："是让你看看到什么时候了。"父亲说："就是现在这个时候。"庄伯无奈，只好作罢。

5. 假装糊涂

智慧有时就隐藏在假装糊涂的幽默中。在某些特殊场合，我们常会遇到一些出乎意料的事，处理不好会让人感到十分尴尬。此时，不妨假装糊涂，化解难堪。

一次，演员们拍完电影后都去浴室洗澡了。恰好这时，有人给女主角打来紧急电话，导演赶紧去浴室找人。

片场的四间浴室都是给明星专用的，一进门是个更衣间，里面才是浴室。如果有人在里面洗澡，是听不到外面的喊声的。

导演也不知道女主角在哪间浴室，情急之下推开了第一间浴室的门，没想到却看到男主角光着身子对着门在喷头下冲洗。男主角下意识地做了一个遮挡动作。女导演急忙转身，迅速关上了浴室的门，并说："哦，实在是不好意思，王悦小姐！"导演喊出了另一位女明星的名字，浴室内的男主角也轻松一笑。

这位女导演故意用假装看错了人的糊涂做法，避免了男主角的难堪，也使自己摆脱了尴尬。

6. 巧设连环

我们都知道"请君入瓮"的典故，它的意思是指设好圈套让别人来钻。我们把请君入瓮的计谋用于幽默，将会成为一种富有意味的幽默技巧。这种幽默的特点是：用故弄玄虚的连续问或答，使对方一步步进入自己的话语圈套，创造出一种幽默的气氛，而使他人开窍。

一个考生骑驴赴京赶考。路上遇到一个放牲畜的老人家，便问："嗳，老头儿！这里离京城还有多远呢？"

老汉看他穿戴倒也讲究，就是问路不下驴，说话不礼貌。老人心想："这算什么书生！"老人本不想搭理他，但转念一想得教训一下这个无理的年轻人，于是答道："这里离京城160亩。"书生感觉好笑，就说："喂牲口的！路程都说'里'，哪有论'亩'的？"老人家冷笑道："我们老辈人都讲里（礼），现在的后生都缺少教养，不讲里（礼）！"

书生把脸一沉说："你这个老东西，怎么拐着弯地骂人呢？"老汉说："喂牲口的老东西本来不会骂人。只是今天心里不高兴，我养的一头母驴不生驴仔，偏偏生了个牛犊。"书生不懂老人的意思，就说："你这个人真是稀里糊涂的，生来就该喂牲口。天下的驴子哪有下牛犊的道理呢？"老人家依旧耐心地指教书生说："是啊，这畜生真是不懂道理，谁知道它怎么就不肯下驴呢？"

书生听出了老人的话外之意，羞得面红耳赤，没敢再说什么就扬鞭而

155

去了。

故事中的老人通过曲折的暗示故弄玄虚，引着对方进入设下的圈套，书生不知不觉地上了当。

"请君入瓮"的幽默技巧能体现出一个人高超的智慧。这种幽默的一个明显特点就是：总能在与对手的较量中占据主动、先发制人。

第五章

赞美，让人更喜欢你

俗话说："良言一句三冬暖，恶语伤人六月寒。"在人际交往中，恰当的赞美能有效地缩短人们之间的心理距离。会说话的女人一定记得任何时候都要多赞美少批评。如果你做不到赞美别人，那千万不要批评别人，多说些动听的话，对你益处多多。

不要吝啬你的赞美

赞美之于人心，犹如阳光之于万物。喜欢听好话被赞美是人的天性之一。每个人都会因他人的赞美而得到自尊心和荣誉感的满足。林肯的相貌算是百里数一的丑陋，但他深知赞美的重要性，他曾经这样写道："每个人都喜欢赞美的话，你我都不例外……"

露丝是美国的一位图书推销高手，她说过："我能让任何人买我的图书。"她推销图书的秘诀只有一条：非常善于赞美顾客。接下来，看看她是怎么卖出图书的。

一天，她出去推销书籍，遇到了一位气质高雅的女士。当时露丝只是刚刚开始使用赞美这个法宝。那位女士听说她是推销员后，她的脸色一下就阴下来："我知道推销员都是很会奉承人的，不过我不会相信你的鬼话，你还是别浪费时间了。"露丝微笑着说："是的，您说得很对，推销员就是专挑好听话说，说得别人忽忽悠悠，不过像您这样的顾客还真是少见，您有自己的主见，从不会受别人的支配。"这时，露丝细心地发现，女士的脸色已经好转。她问了露丝很多问题，露丝都认真地给出了回答。最后，露丝大声赞美道："您的形象给了您高贵的个性，您的语言反映了您头脑的敏锐，而您的冷静又衬托出您的气质。"女士听后开心得笑出声来，答应买一套她的书。

随着推销经验的逐渐丰富，露丝总结出一条人性定律：没有人不爱被赞美，只有不会赞美别人的人。

一天，露丝到一家公司推销图书，很多员工都挑选了自己喜欢的书，正准备付钱时突然进来一个人，他大声说："这些跟垃圾似的书到处都有，买它干什么？"

露丝正准备对他微笑时，他一个箭步冲过来就说："千万别向我推销你的书，我肯定不会要，我保证不会要。"露丝微笑着慢慢说道："您说得很对，您怎么会买这些书呢？有眼力的人都能看出来，您的文化修养和气质超凡脱俗，如果您有弟弟或者妹妹，他们一定会以您为骄傲，一定会非常敬重您。"

"您怎么知道我有弟弟妹妹呢？"那位先生似乎有了兴趣。露丝说："当我看到您时，能感觉到您有一种大哥风范，谁有您这样的哥哥，谁一定是上帝最眷顾的人！"接下来，那位先生和露丝聊了10多分钟，最后以支持露丝这个妹妹为由为自己的妹妹买了两套书。

露丝在日记中这样写道："我心里非常清楚，只要能跟我聊上3分钟，顾客不买我的书，那是不可能的。因为要改变一个人最有效的方式是传递信心，转移情绪。"她写下了一条人性定律："人是感性左右理性的动物。如果一个人的感性被真正调动了，那么他想拒绝你比接受你还要难。而要想迅速控制一个人的感性，最有效的方法就是恰如其分的赞美。"

"除了批评别人外，更多的要懂得夸奖别人。"这是卡耐基经常挂在嘴边的一句话。作为一种口才艺术，赞美是一种非常有效的交际手段。"你做的菜味道真是不错，那么一大桌的菜都被我们吃光了。""您的孩子真是太漂亮了。眼睛又黑又大，真讨人喜欢啊！"这些看似再普通不过的语言，在你看来没什么，但对他人来说，意义却迥然不同：能给他带来快乐、欣慰和惊喜。

人总是喜欢别人夸奖，不管是刚懂事的小孩，还是饱经沧桑的老人都是这样，而且总爱拿自己和别人进行比较，爱听自己比别人强的赞美。所以，

我们平时所说的赞美，大多具有鲜明的比较性。

雪和莲以不同的价格买了同一件裙子，但雪买的裙子比莲买的便宜很多。所以，雪感觉很得意。雪跟其他朋友在一起时，总爱提起这件事，如果你说"莲吃亏了，她花的钱比你的贵多了"，倒不如说"你买的便宜多了"。

这又是为什么呢？因为人们都喜欢听直接赞扬自己的话。前面说的话，尽管也肯定了雪买得便宜，但那是一种间接的表扬，远远不如"你买的便宜多了"直截了当，而且表扬主角就是雪，她当然听着舒心，觉得自己很有眼光了。

当我们听到别人对自己的赞美时，不免会对说话者产生亲切感，从而拉近了彼此的心理距离，融洽的人际关系正是从这里开始的。亲爱的女人们，你们感受过赞美的力量吗？从现在开始，就好好使用它吧！

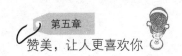

赞美，一种最甜美的声音

在现实生活中，有许许多多的人不习惯赞美他人，因为不善于赞美别人或得不到他人的赞美，从而使自己的生活缺少很多美好愉快的情绪体验。对赞美者来说，他做的或许只是"张口之间，举手之劳"，而就是这样一个简单的举动，带给被赞美者的可能是终生美好的回忆和不懈的努力奋斗。既然赞美对我们的生活如此重要，那么我们就不要吝啬对别人的赞美。

如果公司的管理者能适时地给予员工一些赞美和鼓励，在这种充满激励的环境中员工一定能信心大增地完成任务。相反的，如果管理者只说些打击士气的批评的话，不但不会给公司带来效益，而且可能会影响员工工作的积极性。

千万别小看这个小小的举动，赞美不但可以唤起人们强烈的工作热情，还可能改变他们对人生的态度，使他们对自己的人生多一个选择。因为一句赞美的话，很可能会就此改变一个人的观念和行为，甚至会改变他的命运。

有一个朋友说过自己教育孩子学钢琴的事。在孩子8岁的时候，这位朋友给儿子买了一架钢琴，但是男孩非常顽皮好动，不好好学习弹钢琴，朋友的妻子常常因此训斥他，然而似乎一点也不起作用。于是，朋友开始想办法如何能让孩子喜欢上弹钢琴。

一天下午，当孩子为了应付父母，随便弹了一段曲子之后正要溜走时，朋友叫住儿子说："儿子啊，你弹的是什么曲子，怎么这样好听，妈妈从来没有听过如此美妙的音乐，你再给妈妈弹一遍吧。"孩子听后非常高兴，

便愉快地又弹了一遍。妈妈又鼓励他弹了一些其他曲子，并告诉孩子自己喜欢听他弹的曲子，问他可不可以每天都弹给自己听，儿子很高兴地答应下来了。结果，只用了一个多月的时间就培养起孩子弹钢琴的兴趣了。

现在，每天放学回家后，孩子做的第一件事就是弹钢琴，天天如此，雷打不动。说起这件事，朋友颇为自豪。

这件事给我们的启示就是：成功的灵丹妙药就是鼓励和赞美。尤其是在商业竞争和职场竞争近乎白热化的今天，如果你是企业的一位女性管理者，那么一定要学会用赞美来激励员工。如果你能发自内心地赞美他们，你会发现这种方法胜过任何复杂的管理理论。对他人的欣赏是回馈对方的奖励；赞美是对他人关爱的表达，是人际关系中一种良好的互动过程，是人与人之间相互关爱的体现。恰当运用好你的赞美，你在员工心目中的地位必定更上一个台阶。

鼓励、赞赏和肯定，可以使一个人巨大的潜能得到最大限度的发挥。上司对下属，不必期望太高，看到对方的每一点进步都应该及时进行鼓励和赞美，每次小小的进步都会使他们增添几分成就感，激励着他们向前冲刺奋发。赞美是世界上最甜美的一种声音。

同在一家公司上班的陈小姐和赵小姐素来不和。

有一天，陈小姐忍无可忍地对一个同事王先生说："你去告诉赵小姐，我真是受不了她了，请她改改她的坏脾气，否则没有人会愿意理她的！"

王先生说："好吧，我会处理好这件事的。"

后来，陈小姐遇到赵小姐的时候，赵小姐果然既和气又有礼，和以前相比，简直是判若两人。

陈小姐向王先生表示谢意，并且好奇地问："你是怎么劝赵小姐的呢？竟有如此神效！"

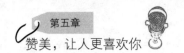

　　王先生笑着说："我对赵小姐说：'有很多人都称赞你，尤其是陈小姐，说你又温柔又善良、脾气好、人缘又佳！'如此而已。"

　　责备和批评只会带来更大的怨愤和不满。如果你的目的是为了改善状况，何不试试夸奖的方式呢？也让我们随时成为同事、朋友之间的调味料，使大家因此得到激励与和睦。

　　心理学家说，男人在外面的世界和工作中寻求肯定，女人走出家庭抛头露面是为了悦人。身边的太多事实告诉我们，在与人相处的过程中，如果我们对别人表示有信心，对方真的也相信自己能够做到，那么一定会想方设法完成既定的目标，这就是赞美的力量。

奉承话，巧妙说

真诚的、发自内心的赞美是融洽人际关系的调和剂，是一种最有效的感情投资，而奉承就是一种另类的赞美形式。但是，一直以来许多人都有一种偏见，认为那些善于说奉承话的人都是"马屁精"，好像他们的人格多么卑劣，多么无耻似的。

公司里有一位漂亮聪明而且嘴巴很甜的女士，她的上司非常爱打扮，而且很会搭配服装，只要稍作些改变就能变出很多套新衣服。然而，那位嘴巴甜的女士过度奉承令上司感觉厌烦。

每天早上一到公司，她就一惊一乍地喊道："哇塞，您又买新衣服了吧？真是太漂亮了！穿在身上更能显出您高贵典雅的气质哦！"过几天又说："瞧瞧，我们领导的衣服多么与众不同啊！皮鞋、胸针都是新配的吧？我就没您那本事，哪天您也指教指教我吧！"不仅如此，她甚至在客户面前极尽恭维之能事。她经常这样说："我们在领导的正确指引下，才取得了今天如此辉煌的成绩，没有领导的细心栽培，我不会有今天的一切！"

领导终于被她的过分恭维弄得心烦意乱，郑重地对她说："不是你没有见过的就一定是新衣服，我的衣服都穿了好多年了，只是我稍微会搭配一下而已。你这么一嚷嚷，别人还以为我有多浪费呢！以后请别再这样夸奖我的衣服了，拜托！"

这位甜嘴姐姐给领导戴了一个极不得体的高帽子。她触犯了赞美的大忌，给人的感觉太虚太假。可见，太多太滥的奉承话只会招人讨厌和反感。

其实，奉承也是需要讲究一定技巧的。仔细观察你会发现，周围的人或多或少都在说着奉承话，只不过是方式比较巧妙而已。在人际关系日益复杂的今天，多说些恰到好处的奉承话不仅不是坏事，而且是件好事。

不过，奉承别人的首要条件是：有一份诚挚的心意和认真的态度。言辞能反映一个人的心理，所以有口无心或者轻率的说话态度，很容易被对方识破，使对方产生不快的感觉。但是，要奉承别人时，也不能说一些与事实相差十万八千里的话。

比如，当看到一位身材很胖的小姐时，你对她说："小姐，你很漂亮，特别是你有一副魔鬼身材。"对方会怎么想呢？本来是想奉承、赞美别人一番，却因为话说得不恰当而得罪了人。如果你换一种说法，这样说："小姐，你的身材很丰满，别有一番韵味。"这样的话对方肯定爱听。当你看到一个流着鼻涕而表情呆滞的小孩时，你对他的母亲说："你的小孩看起来很聪明！"对方的感受会如何呢？本来是奉承的话，却变成了一种讽刺，收到了相反的效果。如果你说："哦！你的小孩好像很健康。"这样说效果就会好很多。

另外，奉承要恰到好处，不夸张，但要"投其所好"。

一位精明的服装店女老板常常会说："夫人真是好眼光，这是我们这里最新潮的款式，穿在您身上，一定会更加漂亮！"几句话，这位太太肯定会眉开眼笑，生意自然也就做成了。一位推销化妆品的售货员会说："小姐，您的气质真好，我从来没见过像您的皮肤这么好的姑娘，您选择了我们公司生产的系列护肤品，一定能更好地保护您的皮肤！"

美国的商界奇才鲍罗齐曾说过："奉承你的顾客比赞美你的商品更重要，因为让你的顾客高兴你就成功了一半。"

不过，奉承话一定要巧说、妙说，切忌过分夸张或不切实际地一味吹捧，否则会被人误解，也会被人看不起，而这无疑会成为影响你良好人际关系的一块绊脚石。

给赞美标上"度"

真诚的赞美是恰到好处。正如，一个气球，吹得太小不好看；吹得太大，易爆炸，所以赞美应适度而止。

1.有所保留的赞美，应该是有比较性的赞美。两个人或两件事相比较，在夸奖对方的同时，让他意识到自己的优点和存在的差距，使对方对你的赞美深信不疑。

有一次，汉高祖刘邦与韩信谈论诸将才能高下。刘邦问道："你看我能指挥多少兵马？"韩信回答："陛下至多能指挥十万兵马。"刘邦又问："那你能指挥多少兵马呢？"韩信自豪地回答："臣多多益善耳。"刘邦笑道："既然你带兵的本领比我大，却为什么被我控制呢？"韩信很诚实地说："陛下不善于指挥兵，但善于驾驭将，这就是我被陛下控制的原因。"

刘邦自己也曾说过，统一指挥百万军队，战无不胜，攻无不克，他不如韩信。这是他做了皇帝以后对自己的评价。韩信的赞美，首先肯定了刘邦控制大臣为自己效命的能力，但又指明了他在带兵作战方面与自己相比有不足之处，正与刘邦的自我评价吻合。话说得很实在、很坦诚，刘邦不但不怒，反而很满意。此时，韩信与刘邦关系已很紧张，如果他违心地恭维刘邦，调兵遣将无所不能，恐怕刘邦不愿意听，甚至会怀疑他在吹捧、麻痹自己。

2.有所保留的赞美，还可以根据对方的优点、缺点，提出自己的希望。

金无足赤，人无完人。真诚的赞美应既要看到对方的优点和长处，同时要看到对方的弱点和不足，讲究辩证法。常言道"瑕不掩瑜"，指出对方的缺点和不足，并提出一定的希望，不仅不会损害你赞美的力度，相反却使你的赞美显得真诚、实在，易于被人接受。尤其是领导称赞下属时，要有一是一、有二是二，把握分寸，要有所保留，可以多用"比较级"，千万慎用"最高级"。领导可以在表扬时，把批评和希望提出来，否则被表扬者尾巴翘得老高，不利于进步，也不利于其他下属接受。

这种有所保留的赞美也可用于下级向领导"进谏"时，先称赞其成绩，再委婉指出其不足，既照顾了领导的面子，也使领导易于接受。

王处长是一位刚刚提拔上来的新手。一次生活会上，他要求大家提提意见。大家碍于面子，没有人敢抻这个头。最后，处里的"元老"刘文革说："王处长到处里后，可谓大刀阔斧进行了改革，处里的工作现在已有了头绪。大家比以往更团结，成绩也是有目共睹。只是最近大家手头有点儿紧张，希望王处长能给大伙解决一下。"王处长听后，意识到该给大家搞些生活福利，采取了一些措施。

刘文革可以说是提意见的高手。他先肯定王处长上任后的成绩，使领导心里美滋滋的，然后再轻描淡写地提出大伙的意见，反映出他对下属关心不够、体贴不够。这种方式，容易使领导意识到自己成绩是主要的，是值得大家交口称赞的，而不足只是次要的。既不得罪他，又激起了他改进不足的积极性。

真诚的赞美不应该总是绝对化。像"最好"、"第一"、"天下无双"这类帽子别到处戴。有个企业的广告词说："没有最好，只有更好。"这就显示了企业的真诚承诺，而不是哗众取宠、华而不实，在消费者中影响很好。实际上，一般人都对自己有个客观的认识和评价，如果你的赞美

毫无遮拦，就会让人感觉曲意奉承，难以接受。赞美时必须记住：一个人的成绩和优点毕竟是有限的。许多伟人看自己时，也都是有所保留的。因此，赞美别人，应当一分为二，有成绩肯定成绩，有不足也要说明不足，控制好赞美的度。

现代社会，已日益打破了各自的封闭状态，进入了一个生动活泼的、互相联系的时代。每个人都需要交往，都希望自己成为赞美能手，使自己广交朋友，成为受欢迎的人。那么，就请记住，赞美首先要真诚，真诚就要有所保留，而不是全盘肯定。你可以大谈其优点、长处、成绩，不谈其不足，也可以既赞美又批评，还可以提出你的希望。无论采取哪种方式，都要掌握好分寸，把握好"度"。

着眼细处的赞美

假如一个人做出了一件惊天动地的大事，你在和他谈话的过程中，当然不缺少赞美的素材，但是生活中平凡的人毕竟占了大多数，如果你一味注意去找别人的"大事"来赞扬，恐怕是没有多少机会的。事实上，抓住别人一个细小的地方来真诚地赞美，同样能收到很好的效果。而一个会说话的女人往往是一个善于发现他人细小的优点而进行赞扬的人。

王飞是一位设计师。一次，她受聘到一位鼎鼎有名的大律师家里设计庭园。那位律师工作繁忙，但偶尔还抽空来看一下设计师的工作。

有一次，大律师告诉王飞该在哪里种石榴花和菊花时，她随口说道："大律师，听说你养了许多种名狗，还在赛狗大会上包揽了不少奖品。"

没想到这小小的赞美竟产生了无穷的威力。律师听后高兴地说："是啊！谈起这件事，我就非常高兴。我现在很愿意带你参观一下我养狗的地方，你愿意去吗？"王飞高兴地说："当然，我感到非常荣幸！"

王飞跟着律师去看狗，只见每一只狗都非常精神、健康、可爱。当他们看完狗回到庭园时，律师兴犹未尽，进屋取出奖品和狗的血统证书给她看，并告诉她如何辨别狗的血统的贵贱。

最后，律师问王飞说："你家有小男孩吗？"

"有。"王飞说。

"他喜欢狗吗？"律师继续问道。

"是的，我家的那几个男孩都喜欢狗。"王飞说。"那么，我送你一只狗

怎么样？"王飞高兴得连连称谢。

接着律师又告诉王飞许多养小狗的方法和注意事项，话还没说完他就停下来，自言自语道："这么说你一定会忘记，还是写在纸上好。"说着，他径自进屋里去了。

10分钟后，他一手抱着一只价值1000元的小狗，另一只手拿着血统证书和一张打满字的纸朝着王飞走来，王飞真不知该怎样谢他才好。一句称赞的话，不但使大律师拿出一个半小时和自己聊天，又得到一个非常昂贵的礼物，更赢得了律师珍贵的友谊。

名誉是人的第二生命。当你真心实意地赞美一个人时，他会因得到这份荣誉而感激你，甚至会视你为人生知己。因此，在一些必要的场合，千万不要吝啬你的赞美，更不要遗漏对别人细微处的赞美。

在赞美对方时，还应注意以下细节：

1.在还没有确认对方的喜爱时，你千万不要急于夸奖对方，否则将会弄巧成拙。

2.假如对方对你的赞美有良好的反应时，不要就此结束，而必须要改变表现方式，一再地赞美对方同一点，因为你只夸上一两句，对方可能认为这是奉承，如果再夸上几句，可信度就会大大提高。

3.要用长远的眼光去审视你所赞美的对象，使自己的赞美能经受得住时间的考验。因为在生活中，"话音未落"式的尴尬并不少见，你刚夸他勇敢，他就在某件事上表现得"惊人的怯懦"。因此，在事情还没有结果时，一定不要抢先去赞美，因为事情都是千变万化的，在最后的关头失败了的事情不在少数。

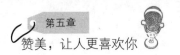

不可不知的赞美技巧

真诚地赞美，于人于己都是有重要意义的。赞美别人是件好事，但是赞美看起来并不简单，需要你掌握一定的赞美技巧，否则好事也会变成坏事。下面介绍一些常用的赞美方式：

1. 因人而异的赞美

人的素质有高低之分，年龄有长幼之别，因人而异、突出个性，有特点的赞美比一般化的赞美更能收到满意的效果。老年人总希望别人记住他"当年的飒爽英姿和丰功伟绩"，与其交谈时可以多称赞他们引以为豪的过去；对于年轻人，我们不妨稍夸张地赞扬他们的创新精神，并用实例证明他们确实能够大展宏图；对于有地位的管理者，可以称赞他们的为民请命、公正廉洁；对于商场老手，可以称赞他们头脑灵活、诚信经营；对于知识分子，可以称赞他们勤于治学、宁静致远……当然，所有的称赞必须基于事实，不可过度夸大。

2. 合乎时宜的赞美

赞美的效果在于相机行事、适可而止，真正做到"美酒饮到微醉后，好花看到半开时"。

当别人计划做一件有意义的事时，开头的赞扬能激励他下决心做出成绩，中间的赞扬有益于对方再接再厉，结尾的赞扬能够肯定成绩，找到下一步努力的方向，从而达到"赞扬一个，激励一批"的效果。

3. 站在第三者的角度来赞美

比如说："怪不得小王说您买了辆好车，刚开始还不相信，亲眼所见

可真让我信服了。"这比说"您的车真好"这句话更有说服力，而且可避免有轻浮、恭维、奉承之嫌。

4. 以请教的方式赞美

在生活中，没有人不喜欢表现自己的长处，并希望别人发现、赞扬自己的长处。因此，当我们有求于别人或与别人有矛盾的时候，都不妨向对方采取请教的方式，这样既能照顾对方的自尊，又因为你的"谦虚"使对方很快解除"警戒"，何乐而不为呢？"以人为师"时，在巧妙赞美对方的同时，还能取得"真经"。

5. 意外赞美法

出乎意料的赞美会使人感到惊喜，因为赞美的内容出乎对方的意料，会使被赞美的人感到高兴。

6. 背后的赞美

当被赞美的对象不在场时，当着对象熟悉的人进行赞美，扩大了对象的影响，这些赞美之词很快会被传到对象的耳朵里。一般来说，被赞美的人很喜欢这种赞美方式。如果你在大家面前赞美他时，为他做一次义务宣传，他当然会感到高兴，只要你说得不夸张，大家就不会觉得你是在故意吹嘘，但最好的方式是在背后赞美他。

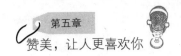

加些"调料"，让赞美更有味道

假如我们一日三餐都用一碗白面条对付自己的胃，一天、两天或许还可以，但三天、四天肯定就不行了，我们的胃肯定就会"闹革命"。这时，如果我们在白面条里面加入一点佐料，如牛肉丝、西红柿汤、葱花等，那么一碗"令你作呕"的白面条就会立刻变成世界上最可口的佳肴。

同样的道理，赞美的话虽然人人爱听，但"千篇一律"、"老生常谈"的那些话有时只会引起对方的反感。因此，如果在赞美的话中，加上一些"新意"，作为调料，那么赞美之术就趋于完善了，而这样的赞美之词也最能打动人心。

1. 新颖的语言

赞美是所有声音中最甜蜜的一种，赞美应该给人一种美的感受。新颖的语言，是有魅力的，有吸引力的。简单的赞扬也可能是振奋人心的，但是一种本来是不错的赞扬如果多次单调重复，也会显得平淡无味，甚至令人厌烦。一个女人就曾说道，她对别人反复告诉她，说她长得很漂亮，已经感到很厌烦，但是当有人告诉她，像她这样气质不凡的女人应该去演电影，给世界留下一部电影拷贝的时候，她笑了。

在一个外国电视剧中，父亲走进厨房看女儿做饭。他对女儿说："如果没有好的胃口就像天上没有星星那么遗憾。"女儿露出了快乐的笑容。新颖的赞语能给人以清爽、舒心之感。毛阿敏在哈尔滨演出时，《当代大舞台》的节目主持人是这样将她介绍给观众的：

主持人：请问毛阿敏小姐，您是从哪里来的？

毛阿敏：哦，我从北京来。

主持人：您像一只美丽的蝴蝶给冰城哈尔滨带来了欢乐，请问这次能作几日停留呢？

毛阿敏：呵呵，五日。

主持人：我们冰城的朋友热烈欢迎您的到来，但愿您与《当代大舞台》永不分手！

　　主持人巧借毛阿敏的成名歌曲《思念》来向她发问，亲切而诙谐，同时也激起了演唱者与观众的热情，创造了良好的舞台气氛。

　　如果主持人用的只是公式化的套词俗语，那么观众觉得乏味，毛阿敏也可能会腻味。妙语连珠的赞美，既能显示赞美者的才能，也能使被赞美者快乐地接受。只要你多琢磨、多运用，你会赞语新颖，打动人心的。

　　2.独特的角度

　　一些人在公共场合赞美别人时，自己想不出怎样赞美，只能跟着别人说重复的话，附和别人的赞美。常言道："别人嚼过的肉不香。"朱温手下就有一批鹦鹉学舌的人。

　　一次，朱温与众宾客在大柳树下小憩，独自说了句："好大柳树！"宾客为了讨好他，纷纷起来互相赞叹道："好大柳树。"朱温听了觉得好笑，又说："好大柳树，可做车头。"实际上柳木是不做车头的，但还是有五六个人互相赞叹："可做车头。"朱温对这些鹦鹉学舌的人烦透了，厉声喝道："柳树岂可做车头！我见人说秦时指鹿为马，有甚难事！"于是把说"可做车头"的人抓起来杀了。

　　每个人都有许多优点和可爱之处。赞美要有新意，当然要独具慧眼，善于发现一般人不能发现的"闪光点"和"兴趣点"。即使你一时还没有发现更新的东西，也可以在表达的角度上有所变化和创新。

对一位公司经理，你最好不必称赞他如何经营有方，因为这种话他听得多了，已经成了毫无新意的客套话。倘若你称赞他目光炯炯有神，风度潇洒大方，他反而会更受感动。

法国某将军屡战屡胜，有人称赞他："您真是个了不起的军事家。"他无动于衷，因为他认为打胜仗是理所当然的事。而当那人指着他的鬓须说："将军，您的鬓须真可与美髯公相媲美。"这次，将军欣然地笑了。

赞美的角度很重要，新颖的角度将起到事半功倍的效果。著名节目主持人白岩松去采访一位知名学者，老学者正卧于病榻，对采访并不热心。白岩松提出的第一个问题却是，请他谈谈毛主席接见红卫兵时他鞋子被挤掉的事。这个出乎意料的问题使老学者十分激动，竟一口气谈了好几个小时，从而顺利地完成了采访计划。

白岩松找到了一个很好的角度，以致于打开了老学者的话匣子。正如每把锁都会有相应的钥匙，每个人都有其独特之处，先要把握好"点"，把握好角度，才能沟通得轻松顺畅。

3.新意的表达方式

赞美他人，在表达方式上真是可以推陈出新，另辟蹊径的。

富兰克林年轻时，在费城开了一家小小的印刷所。那时，他参加了宾夕法尼亚州议会的选举。在选举前夕，困难出现了。有个新议员发表了一篇很长的反对他的演说，在演说中，竟把富兰克林贬得一文不值。遇到这么一个出其不意的敌人，是多么令人恼火！该怎么办呢？富兰克林自己讲述道："对于这位新议员的反对，我当然很不高兴，可是，他是一位有学问又很幸运的绅士。他的声誉和才能在议会里颇有影响。但我绝不对他表现一种卑躬屈膝的阿谀奉承，以换取他的同情与好感。我只是在隔数日之

后，采用了一个别的适当的方法。我听说他的藏书室有几部很名贵又很少见的书，我就写了一封短信给他，说明我想看看这些书，希望他慨然答应借我数天。他立刻答应了。"

富兰克林用一种不露痕迹的赞美方式，赞美新议员，恰如润物细无声。

表达赞美的方式有很多，要针对不同人、不同场合、不同时间选择最为恰当的方式。选择赞美方式时，既要考虑表达方式的新意，又要考虑对方的感受及最后的效果，综合性去思考，将会找到最适宜的表达方式。

第六章

这样求人不难开口

在社会生活中，没有谁是三头六臂、无所不能的，总会遇到凭一己之力办不到的事，此时只能寻求别人的帮助。从本质上说，求人办事是寻求合作的一种方式，最忌讳的就是直来直去、以硬碰硬。会说话的女人都会举重若轻，巧妙地使对方愿意提供帮助。

投石问路敲门砖

在现实生活中，当你满怀希望地向他人提出请求时，却当场遭到了对方的拒绝，那场面是多么令人尴尬啊！造成尴尬的原因很多，有些是无法预见的，不可避免，但有些却可以通过自己的努力来避免。从交际的角度来看，避免尴尬也是交际能力的组成部分。懂得并学会避免尴尬的技巧，是每个现代女性都应该掌握的。

人际交往的情况通常是复杂的。有时即使你已经做了充分的准备，也难免遭遇意外，或者出现估计失当的情况。如果你遇到了，那么如何避免难看局面的出现呢？学习一下这些常见的方法吧！

1. 推理判断法。当你有具体想法时，不要直接提出来，而是先提出一个与自己的本意相关的问题，请对方回答，如果从他的答案中你得到的是否定性的判断，就不要再提出自己本来的要求了，这样可以避免尴尬。比如，一位顾客买了一块布料，拿回家后发现售货员找回的钱不对，但又不能确定是售货员的错误，于是决定回去找一下。她问："小姐，这种布多少钱一米？"对方答后，她立刻知道是自己算错了，说了声"谢谢"就满意地离开了商店。

2. 自我否定法。如果对自己所提的问题拿不准，直截了当地提出来又怕失言，这时可以使用既提出问题，又自我否定的方式进行试探。这就在自我否定的意见中，隐含了两种可能供对方选择，无论对方选择什么都不会使你感到尴尬和不安。

一位年轻作者在某刊物上发表了两篇小小说，但只收到了一篇小说的稿费。他认为一定是编辑部弄错了，但又没有确定的把握。如果直接提出来，真是自己弄错了，就会陷入尴尬。所以，他这样提问："编辑老师，我收到了 20 元稿费，这期刊登了我的两篇稿子，不知是一篇还是两篇的稿费？如果是两篇的那就是我弄错了。"编辑老师立即查了一下，抱歉地说是他们弄错了，当即给予补偿。这位作者是用了一些心思的，他提出了两种可能，而且把自己的想法作为否定意见提出，这样即使自己弄错了被对方否定，也因自己有言在先，而不会使自己难堪。

这个例子告诉我们，当自己拿不准的时候，不要轻易地提出否定对方的要求，最好用推理判断法，先摸清情况，再决定下一步行动也不迟。

3. 打电话法。打电话提出自己的要求与对面提出有所不同，由于彼此只能听到声音而不见面，即使被对方否定，所受的刺激也比较小，比当面被否定更容易接受。例如，一位作者写了一篇稿子，等了一段时间没有回音，于是打电话询问情况："编辑老师，我想问问那篇稿子的处理情况……""哦，是这样，稿子已经看到了，我们认为还有些距离，很难采用……""是这样，我会再努力的。"这样，这位作者在比较平和的氛围中，接受了一个被否定的事实。

4. 开玩笑法。对于那些相对比较严肃的问题，有时可以用开玩笑的语气说出来，如果对方给予否定，便可把这个问题归结为玩笑，这样既达到了试探的目的，又可在轻松一笑中化解尴尬，维护自己的尊严。

一个员工到部门经理家做客，看到他家有一台彩色电视，由于当时的彩电很紧俏，便想请他帮忙，但又怕人家不给面子，就打哈哈地说："好啊，你们都看上彩色的了，我还生活在黑白时代呢，能不能帮忙弄一台，大经理？"经理为难地说："哎呀，你还不了解行情，现在是一台彩电，要搭十

台黑白的呢！……"他见此情形，立刻说："瞧把你吓的，我不过是跟你开个玩笑而已，你就是给我买，我也没钱还你啊！"他能够适时转弯，避免了被拒绝的尴尬。这种打哈哈的方式，真真假假，可进可退，在熟悉的人之间较为多用。

5. 顺便提出法。有时提出问题，并不用郑重其事的方式。因为这种方式显得过分重视，至关重要。一旦被否定，自己会感觉下不来台。而如果在执行某一交际任务的过程中，抓住恰当的时机，顺便提出自己的问题，给人的印象是并未看重此事，即使不满足也没有太大的关系。

一个业务员在与一位厂长谈判，谈判告一段落时，向对方提出了一个问题，说："顺便问一句，你们厂需不需要人？我有个同事想到你们这里工作。"厂长说："我们厂的效益不错，想来的人很多。可是目前我们一个人也没有进。""哦，是这样。"在得到对方的否定答复后，他一点都没有感到尴尬，但是已经达到了试探的目的。试想，如果一开始就以郑重其事的态度向对方提出这个问题，并遭到对方的拒绝，那么现场的气氛就可想而知了。

实际上在很多情况下，顺便提出的问题往往是自己要达到的真正意图，但是由于使用这种轻描淡写的方式顺便一说，就使自己变得更加主动，有退路可走，可以有效地防止因对方否定而造成的心理失衡。

6. 触类旁通法。当你想提出一个要求时，可以先提出一个与此同属一类的问题，试探一下对方的态度。如果得到了肯定的信息，就可以进一步提出自己的要求；如果对方的态度是明确的否定，那就免开尊口，避免遭遇尴尬。

一位干部打算调离本单位，但担心领导当场给予否定，或者给领导留下坏印象，以后工作不顺手。于是，他这样提问："主任，咱们单位有的青年干部想挪挪地儿，你怎么看待他们的行为？"主任说："人才流动我是赞成的。"看到主任并不反对，他接着说："如果这个人是我呢？"主任说："那也不拦，只要有地方去。"他通过自己的提问摸清了领导的态度，不久他正式向领导提出了调动申请。

用触类旁通法进行试探，其好处是可进可退、进退自如，在日常交际中应用广泛。最后需要指出的是，避免出现尴尬并不是我们的最终目的，这些方法只是为了保护自己的尊严和面子而采取的一种策略性手段。但我们不能仅仅满足于此，应更多地研究一些在被对方否定的情况下，如何运用说话的技巧和方法扭转败局，争取最后的胜利。

"软磨硬泡"有奇效

在求人办事的过程中，有时我们怀揣一腔热心找到对方，对方能办，但就是找各种各样的借口和理由搪塞，搞得我们无能为力、无可奈何。有些人在这种情况下只好打退堂鼓，撤回来了事，也不再组织进攻了，但也有性格顽强的人不达目的不罢休。

梅是一名精于求人投保的保险公司业务员，她每次求人投保都能获得很好的效果。梅在给刚入职的业务员培训时说："如果你想取得一家公司的团体保险业务时，必须得先说服那些职员，但通常他们都忙得没有时间坐下来与你闲聊。所以，刚入行的业务员只要一看到哪个职员有一点空闲时间时，就赶紧抓住机会死缠不放，而且做好打一场拉锯战的准备，但是这样做引起了对方的反感，你终究无法获得预期的结果。"那么，到底该怎样做呢？

梅的做法跟别人完全不同。当看到对方非常忙碌的时候，她选择迅速离开，以等待下次见面的机会，她的做法反而会获得对方的感激，认为她能体贴他们的忙碌。这样三番两次之后，对方可能会想"这个人还挺热心的，又来了"，最后她的诚意感动了他们，答应投保了。

对于初次见面或者非常忙碌的人，想说服他时千万不要认为这是最后的机会。如果你这样做便会收到相反的效果，最好的选择是在短时间内结束拜访以等待下次的见面，让对方来感受你的为人。

此外，求人成事更要有韧性，使用不间断的"攻击法"，让被求的人在心理上担负着"情义债务"。

首先，要引起对方对某事的兴趣。比如初次见面的推销员与顾客、没有特殊关系的男女、没有情义存在的人之间，如果你第一句就说："请你买下来好吗？"这样根本不能引起他的兴趣。所以，为了提高工作效率，许多推销员都会选择与自己有一定关系的人，他们遭到了太多无情的拒绝。

求人办事时想说服一个毫无关系的人，最好是想方设法让他产生这样的感觉："如果我不理会他，他显得实在是可怜啊！"对方如果产生了这种心理负担，他就不会再轻易地拒绝你了。更深一点儿说，就是用情义来缠住他。因此，即使会说话的女人被拒绝了多少次都不会气馁，选择继续抓住不放，用自己的热忱打动对方，就算是铁石心肠的人也终有一天能被软化而愿意帮助她的。

设想一个人被别人一再地纠缠和依赖，自然会形成一定的心理负担，会因为同情心而软化，但那种三番两次的纠缠也会产生反作用。如果你因此而放弃了，现出了不悦的神色或者恶言相加，那就是你的失败。此刻会说话的女人会对他说声"对不起"，然后迅速离开。对方可能会因她的客气而对刚才的冷漠感到歉意，如果对方真的产生这种心理反应了，说明他愿意接受她的求助了。

求人也是一样，要达到说服对方的目的，讲究的是磨功、缠功，必须反复说服，急不得。"软磨硬泡"的特点是以消极的形式获得积极的效果，通过消耗彼此的时间和精力给对方施加压力，从而达到影响和改变对方态度的目的。当我们在使用这种方法时需要注意几个问题：

1.耐心周旋。在办事的时候，我们既要自尊又不能抱着自尊不放，为了达到交际的目的，必须不断提高自己的抗挫能力，碰到钉子脸不红心不跳，不气不急照样微笑，只要心怀一丝希望就全力以赴，有这种顽强的毅力就一定能办好事情。

2.积极跟踪。俗语有："人心都是肉长的。"无论你与对方的距离有多大，只要你能用行动来证明自己的诚意，对方可能会思索并理解你的苦心，从固执的框子里跳出来，那你就有成功的希望了。

3.把控自己的情绪。在求人办事的过程中，能否控制来自外界的刺激对自己情绪的影响，对事情的成败起到关键的作用，应该依据不同的交际对象、办事环境的需要，做到出险而不惊，遇变而不怒。

4.反复申请。对于同样的意思要反复申请、反复渲染、反复强调，不达目的誓不罢休。面对顽固的对手，这是一种锐利的武器。

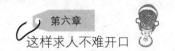

放长线钓大鱼

求人办事不能突然提出要求，更不能"砂锅捣蒜，一锤子买卖"，而要循序渐进、逐步深入，有针对性地消除对方的各种疑惑。

美国的两位心理学教授，曾对学校附近的一位家庭主妇露丝太太做过一个有趣的实验。

他们打电话对她说："这里是加州消费者联谊会，为了了解消费者的具体情况，我们想请教几个有关家庭用品的问题。"露丝说："好的，请说吧！"于是，他们提出了两个比较简单的生活问题，如您家里使用哪种牙膏。当然，他们不只给露丝打过这样的电话。

过了几天，他们又打来电话说："打扰了，夫人！我们现在想扩大调查，这两天会有四五个调查员到您家里当面请教，希望得到您的理解和支持。"

这样的做法实在有失礼貌，但也得到了她的同意。这到底是为什么呢？其实，原因很简单，就是已经有第一个电话做了铺垫。可以想见，如果他们没有打过第一个电话，而直接提出第二个电话里的要求时，一定会遭到拒绝。

可见，向人提出请求时，应从小到大、由微至著、从轻到重、由浅及深。如果一开始就提出一个过分的请求，一定会遭到对方的断然拒绝。所以，我们要一点点地引导别人接受自己的请求，一点点诱导别人上钩，正所谓"放长线钓大鱼"，这既是求人办事的小技巧，又是获得成功的大原则。

有句古话说"皇帝不急太监急",太监急也是瞎急,抓耳挠腮解决不了任何问题。所以,求人办事时,你是不能风风火火、直截了当的,必须得有一套见机行事的本领。正所谓"心急吃不了热豆腐",你一定要静下心来,循序渐进、从长计议。

初到新的工作单位,就是打入一个新的人际圈。在这个新圈子里,有人态度友善,有人冷眼相对,还有人暗自提防。处在这种境地中的你,必须尽快消除排异情绪,藏起锋芒,夹起尾巴做人,等待摸清圈子的基本情况、站稳脚跟后,再对不同性格的人采取不同的对策,这样做常常能使自己掌握主动,达到事半功倍的求人效果。

有些社会经验的人都知道,人们总是习惯于用局部信息来推论全局。如果认为局部信息是真实的,就常常认为全局都是真实的;如果认为局部信息是虚假的,那么常常认为全局也是虚假的。所以,明智的求人者,最初都会隐藏自己的求人意图,以一种交朋友谈友情的姿态与人接近,最终使那些不谙世事的老少朋友陷入圈套。这里需要提醒求人者,这种方法运用得还是越少越好,如果因此欺骗了太多的人,不免被人认为是不道德的。所以,要学会循序渐进,层层释疑,使对方放下包袱。

人的思想往往是非常复杂的,对某件事想不通、不理解,总是抱着重重疑虑不放,这就需要求人者善于透彻地说理,消除被求者的种种疑问,也就达到了求人办事的目的。但想消除他人的疑虑不是一件容易的事情,需要层层递进、穷追不舍,讲清讲透道理,这就是层层释疑的方法。

求人办事有定律

1. 不该说的话

求人办事不同于聊天，必须循序渐进，不能草草了事，所以一定要注意自己的说话方式：

（1）喋喋不休，或者经常抢话，不给对方说话的时机。

（2）说话太快或者说话吞吞吐吐，说话的声音过小，使人听不清楚。这些都是不应采用的说话方式，这样只能让人感受到你的自卑。

（3）一副看穿别人的眼神和说话方式的表情，专挑别人不懂的术语或者专业词汇，这种说话方式往往会引起对方的反感。

（4）说些模棱两可的话。求人办事，要有明确的目标，激起对方的共鸣，模棱两可只能令对方失去兴趣。

（5）交浅言深，不分远近。这样说话给人华而不实的感觉。

（6）狂妄自大，吹嘘自己，轻视他人。尊重别人就是尊重自己，这都是做人的基本原则。

（7）谈论话题东拉西扯，不得要领，使对方难以掌握你说话的真正目的。

（8）在关键问题上搪塞，打马虎眼，说不出重点。如果所求不"明"，谁还会答应你呢。

2. 多听对方说

一般人常常只注意自己所说的话，而较少注意思考对方的话。而求人谈话，包括"听"和"说"两个部分，因此，两个方面都不能忽视。听话

的时候别扫了对方的兴致，点头示意比贸然插嘴更加讨人喜欢。

会说话的人在别人说话时都很注意听，然后恰当地提出自己的意见。最理想的谈话方式是听七分，说三分。如果你认真地听对方说话，便可以适时地发现问题、提出疑问，如你说："怎么会这样呢？"或者"是啊，我也有同感！"如果你没有认真听，只能说些含糊的话："哦，这样啊！"前者是把对方的话再从你的嘴里说出来，也就是说你和对方同调，借着对方的言辞来承认他的价值，这样说会使对方感到你是一个善解人意的人。

3. 方便时再说

想让对方听你说话时，你首先应使对方做好听你说话的心理准备，这是求人谈话的最重要的一点。比如，在打电话时，想让对方做好听你说话的准备，最有效的方法是先问对方："现在能否听我说话吗？"

这样先问对方是否方便，能给对方留下一种你非常真诚的印象，同时这样的开场白也使对方有了听你说话的心理准备。接着对方可能会说"我只有5分钟"，但你开始说话后，即使你把说话的时间再拉长一些，对方也不会不快的。另外，如果他告诉你没有说话的时间，但如果你先问他什么时候方便的话，他也会给你一个确定的时间的。

4. 多说好听的话

求人办事时应对所求之人给予恰到好处的赞扬，但也不能过度吹捧、不着边际。多说些对方愿意听的话，尤其是顺便说与所求的事有关的方面称赞对方，不失为一种开口求人的巧办法。

一位大学老师想请某文化学者为自己的一本将要出版的书写书名。得知来访者的意图后，这位一贯以幽默著称的学者笑着说："题字啊，可以！但是，现代社会都讲究经济效益，请我题字是不是该付点钱呢？便宜一点儿吧，400块钱一个字，能接受吗？"

虽是开玩笑，但年轻的老师听出了学者的抱怨之意。于是，他说："先生，你的话只说对了一半，想得到您的墨宝，理应付钱。可是，您的字何止 400 块钱一个呢？打个比方，我想买一件 4000 块钱的衣服，这家商场没有，我还可以到别的商场去找，可您的墨宝只能出自您的手，天底下可是别无他处可寻啊！要我说，能得到您的一个字，我就得到了无价之宝，我付多少报酬都不够啊！"

几句好听的话说得这位听惯了恭维之词的学者竟然觉得"别有一番滋味在心头"，于是学者答应后欣然题写了书名。

5. 少说丧气话

有些求人者愿意贬低自己，经常会慨叹："像我这样的人，一辈子只能是个可怜的小老百姓了！"你这样说的出发点虽是为了表现自己的谦虚，但如果你不想让别人认为你是个消极的人，最好不要用这种丧气的语气谈论自己。

当然，偶尔这样说说倒也没什么，但经常这样说就会成为你的习惯性说法了。对方听到这样的话，会如何做出反应呢？也许对方起初并没有十分在意，但如果每次见面都能听到你的这种腔调，就会渐渐产生无聊之感，不愿和你谈话了，甚至令你产生一种想法：这不是谦虚，而是真的没用。这就是心理学所说的"累积暗示效果"产生的作用。所以，贬低自己的话尽量少说，这样不仅毫无益处，而且会弄巧成拙，使对方认为你就是这样的一个人。设想一下，今天别人帮助你了，他当然希望以后你也能帮助他，但你一再申明自己毫无是处，那么后果就可想而知了。

6. 巧妙接茬

以忙碌为理由拒绝要求的对象，最好对他说："我就是因为你忙碌才要拜托你啊！"

一位杂志社的编辑很擅长向那些忙碌的名人邀约为其杂志写稿。他并

没有什么过人的求人技巧，但对于名人们所说的"我现在很忙，恐怕帮不了你的忙"，他有一套很有效的说辞来应对。

"我当然知道你很忙，但正因为你是个忙人，我才会邀请你为敝杂志写稿。对于无事可做的人，我可不敢期待他们能有好的作品出现。"他运用这种方法已经达到了炉火纯青的地步，每次都能达到预期的目的。

一般来说，如果对方拒绝的理由非常清楚，那么想打动他已经是非常困难的事了。尤其对方的理由是我们早就知道且不得不承认的，那我们就更难以启齿了。这种人的心理防备都非常牢固。如果我们说："请尽量设法，好吗？"这样的说辞更增加了一种紧张感，更无法达到说服的目的。想使这种难攻的对象不得不答应，最好的办法是直接将对方拒绝的理由转化为夸奖对方的素材，这样做成功的可能性必然大大增加。

也就是说，巧妙地用对方拒绝的理由，逼迫对方不得不答应你的请求，对方虽然会显露不愿接受的表情，但事实上已经接受了这个请求。

第七章

不伤人的拒绝

　　拒绝是一门艺术，但无论困难有多大，我们对不能接受的事情必须拒绝。如何拒绝才能把伤害减到最小呢？关键是选择好方法和时间，态度必须坚决，选择恰当的时间，选择合适的方式，用委婉的语言尽量维护对方的自尊，使对方更易于接受，减少给对方造成的心理伤害。

割断"情感输送带"

　　人生就是在不断的拒绝中度过的，就像事物经过否定之否定而螺旋上升一样。就拒绝行为的双方来说，主动采取拒绝行为的人处于有利的地位，但如果拒绝时采用了不恰当的方法，往往会给对方带去深深的伤害，从而引起不满和怨恨，导致双方关系的破裂，甚至陷入各种复杂的纠纷中。让人难以接受的拒绝虽不至于造成太严重的后果，但因拒绝而形成的隔阂总会让人心里非常不舒服，使人难以忘记。

　　"我实在是没有太多的钱借给你，否则我也不必如此疲于奔命"、"这件事我也帮不上什么忙"、"要不你再想想别的办法"……遭到拒绝后，你会做何反应？你会很高兴地说"既然这样，那就不麻烦您了，对不起"吗？应该不会！一般人都会恼羞成怒，用最犀利的语言回击对方："你这个人说话怎么这样无礼啊！难道你这辈子就不求别人了吗？"然后摔门而去，把这个屈辱铭刻于心，以后伺机报复。

　　其实，对方之所以跟我们反目成仇，并非是由于我们拒绝了他，更多的是我们拒绝的语言和方式伤害了他。人活在世上，没准什么时候你也需要别人的帮助，所以，多一个敌人不如多一个朋友。我们难以避免拒绝的发生，但可以采用恰当的方法，最大程度地避免因拒绝而树敌的境地。

　　我们都有这样的经历，门铃响起，当你开门时，一个训练有素的推销员会使出各种说服技巧。这些说服技巧大部分都是由他惯用的几句话连接起来，目的是想把你的心理导向对他有利的方面，所以，你只要在他的诱导效果尚未发挥出来之前，把他的每一句话都否定下去就可以了。

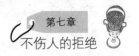

一次，伟鹏家的门铃响了，开门一看，一个陌生人站在门口。"您好！请问能否给我 10 分钟时间？我们是做民意调查的。"

对方倒是非常认真，但是如果真的有时间，伟鹏倒也真想陪陪他们。但是非常不巧，他的妻子不在家，而且他正忙着写一篇即将到期限的稿子。

当伟鹏正感到为难时，对方很快发现了门边的网球球具，便开口说道："您好像对网球……很喜欢。"

伟鹏不得已打断了他的话："不，那是我妻子偶尔打着玩的……"

"哦，你妻子会打，那真是太好了……"

"也没什么好的，她几乎没有时间待在家里……"

"有这种闲暇……"

"没有，我们很忙……"

"那么请给我 5 分钟……"

"哦，这不已经超过了吗……"

就这样一来二去，那个人只好知难而退了。

在这里，从说服者的角度来说，他想利用"情感输送带"，以便引起对方的共鸣，但伟鹏意识到如果自己顺着对方的话说，就会不由自主地陷入他的"语言陷阱"，所以摆脱纠缠的最明智的做法就是在对方一句话未完时，就立即迅速斩断对方的话。如果在调查员问"您好像很喜欢打网球"之后，伟鹏回答一句"嗯……马马虎虎"，那么这条"输送带"就算已经建立起来了。然后，"太太呢？""是不是会员？"之类的转动起皮带来，那就正中了对方的下怀。为了避免这样的后果，伟鹏在对方的"输送带"尚未建立之前，就用有效的分段式说"不"的方法将它割断，从而避免了一次令人不快的打扰。

用体语来拒绝

萧伯纳曾说："拒绝别人其实也是一种学问。"事实的确如此，因为在这个世界上，没有多少人愿意"笑纳"别人的斥责或否定，但是说话的人能变换一种方式，那么接受者就完全可以改变态度。一个会说话的女人不但会用语言来表达自己的心声，而且会在适当的场合用肢体语言说"不"，收到的效果往往胜过万语千言。

一个只忙工作、只管赚钱的丈夫，因为冷落了妻子，妻子感到非常伤心，便决定跟他离婚。丈夫开始絮絮叨叨地责备妻子变了心，并不停地劝她回心转意，但是妻子决心已定。但由于对自己的行为感到有些愧疚，她并没有绝情地将丈夫赶走。

于是，妻子一边听着越说越激动的丈夫的话，一边下意识地用右手的拇指和食指用力按着自己双眉下面凹陷的部位。奇怪的是，丈夫看到这种情形，突然闭上了嘴巴。妻子看丈夫不再说话了，便低声说道："对不起，没什么。请你继续说吧。"

之后，丈夫单方面的驳斥又继续下去。不久，妻子的那个动作再次出现。这种动作重复了几次后，丈夫紧闭双唇，再也不说话了。

事实上，妻子的那种动作体现了一种态度，隐含了一种用身体语言来表达"不"的方式，但她始终没有说出一个"不"字，只不过偶尔寥寥几句地应和着丈夫的激烈的言辞，但最终丈夫放弃了责备她的念头，默默地

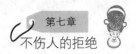

离开了妻子的房间。

在研究身体语言的专家看来，这种不由自主的习惯性动作，往往在很大程度上传达给谈话对方以否定性的信息。此外，还有一些动作，如转动脖子、用手帕擦拭眼角、按眼睑、拍肩膀、揉太阳穴以及上述按眉毛下部等，都可在特定的场合中传达出类似的情感信息。

实际上，这些动作的直接用意是想消除身体的不适，如疲劳感、厌倦感、倦怠感等，但同时也发出了这种信息："你的话使我产生了生理上的疲劳和心理上的倦怠，希望你早一点停住。"同时，我们也可以认为这些动作是在要求对方改变话题或者加快讲话的速度，至少它们具有打断对方谈话的效果。因此，当我们在无法应对谈话的尴尬场面时，不妨学一学上面的那位妻子，用身体语言来说"不"，阻止这种不愉快的谈话继续下去。

开出有人情味的逐客令

宋朝著名词人张孝祥在与友人夜谈后，不禁发出这样的感叹"谁知对床语，胜读十年书"。的确，有朋友来访，促膝长谈、交流思想、增进友情是生活中不可或缺的一件乐事，也是一件可以获益匪浅的大事。然而，在现实生活中，我们偶尔也会遇到截然相反的情况。刚刚吃过晚饭，本想静下心来读读书或者想想问题的你，接到了一个不请自来的"闺蜜"的电话，还没等你说几句，她就开始唠唠叨叨地说些你不感兴趣的事，而且越说越来劲。你只能勉强应付几声，很想挂断电话的你又怕伤了"闺蜜"的自尊心，只能选择硬撑着听完吧。

任何一个珍惜时间的人都不甘心被这样"谋财害命"。但是，如果你总是"舍命陪君子"，就会一事无成，因为你的时间是最宝贵的东西，正在白白地被别人占用着。所以，你要学会拒绝，而且要拒绝得更有人情味。

那么怎样拒绝这种说起来就没完没了的闺蜜呢？最好的应对办法就是运用高超的语言技巧，让你的拒绝更动听，既不伤害"闺蜜"的自尊心，又让她变得知趣。有人情味的"逐客令"该怎么开呢？下面的方法可以供你参考：

1. 以写代说

有些"嘴贫"的人可能意识不到婉转的逐客令。对于这种人，可以用张贴字条的方法代替语言，使他们一看就懂。有位著名的科学家，在自家的客厅里的墙上贴了一张写有"闲谈不得超过3分钟"的字条，以提醒来访者。看到这张字条，"闲谈"的人就不会喋喋不休地说下去了。

我们可以根据自己的实际情况，在家里贴上想说的话，如"主人正在做考前准备，望客人多多关照"、"孩子即将高考，闲谈请勿打扰"等字样，这就营造了一种争分夺秒的氛围，引起闲谈者的注意和理解。因为字条是写给所有来客看的，并不针对某个人，所以也不会令来访者感到难堪。

2. 以热代冷

用细致的招待、热情的态度代替冷若冰霜的表情，使闲谈者在"非常热情"的主人面前感到不好意思登门打扰。闲聊者一来，你就热情招待，又是沏茶倒水，又是捧出瓜子、水果，有可能把他吓得不敢贸然再来了。你如果用贵宾的高档次接待闲聊者，他一般是不敢总以"贵宾"自居的。

过分热情的实质无异于冷待，这是生活的辩证法。但以热代冷，既不失礼貌，又能达到"逐客"的目的，效果之佳，不言自明。

3. 以疏代堵

闲聊者用无聊的嚼舌来消磨时间，主要是因为他们胸无大志，没有高雅的兴趣爱好。如果我们变"堵"为"疏"，让他制定自己的兴趣计划，有事可做，他也就无暇光顾你了。

那么怎样进行疏导呢？如果他是年轻人，你可以鼓励他多读一些书，多多学习上进，有了真才实学才能过上高质量的生活；如果她是你的闺蜜，你还要告诉她，女人更需要爱自己，努力提高自己的各种能力，既要有幸福的家庭，又要有向上的事业，不能完全依赖男人；如果他是老年人，你可以告诉他多些兴趣爱好，人生才不会寂寞无聊，读书、种花、健身、养生，太多有意义的事可做。如果他们都忙于自己的事情了，你也不用在拒绝他们上动脑筋了，说不定你想跟他们闲聊时，他们却没时间了。

4. 以攻代守

用主动出击的姿态堵住闲聊者的来访路。先掌握对方一般在什么时候到访你家，然后你不妨在他来访之前的 10 分钟先"杀"到他家门前。这样，你从主人变成了客人，从而掌握了交谈时间的主动权，只要你想回家，可

以随时拔腿走人。你到访他家的次数一多，他就只能待在自己家里了，而他每晚必上你家的习惯也就改变了。过段时间后，他有可能不再"重蹈覆辙"了。以攻代守，先发制人，是一种比较特殊的逐客令。

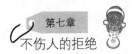

拒绝可以绕个弯

做事要懂得巧妙拒绝他人的诀窍。运用"艺术"的拒绝方式，既能免于陷入窘境，也不会使对方太难堪。

波兰著名钢琴家肖邦有一次在巴黎举行一场盛大的演奏会。一位贵妇因为没有买到票而向肖邦求援，肖邦手里也没有，而且肖邦不愿给主办者添麻烦，又不能直接拒绝。他答道："遗憾得很，我手上一张票也没有。不过，在大厅里我有一个座位，如果您高兴……"贵妇非常兴奋地问道："这个位置在哪儿？"肖邦说："不难找，就在钢琴后面。"这个座位是肖邦演奏的时候坐的，贵妇只好失望地走了。

肖邦拒绝得既幽默又得体，让对方从心理上获得了尊重，既不觉得颜面扫地，又无奈地接受了他的拒绝。

人们碍于面子，拒绝的话不好正面说出口，如果装作自言自语说出心中的想法，对方便会识趣而退。

杂货铺的冯老板听说镇长的儿子小辉要向他借一笔钱，心中明白这钱只要借出去，就不可能再还回来了，但得罪了镇长，以后的生意就不好做了。一天，他看见小辉正朝他的店走来，他立即背转了身体。等到小辉走近时，他一边叹气一边自言自语道："哎，这一批货款，人家非要求货款一次付清。我如何才能凑齐这笔钱呢？应该找小辉想办法，他爸爸是镇长，借点钱肯

定没有问题。"小辉一听，意识到自己找错人了，只好闭口不提钱的事了。

现实生活中，人们总会遇到需要拒绝别人的时候。尽管你真的很想帮助别人，但是也必须遵循量力而行的原则。如果你对对方求助的事自知力不能及还要勉强答应，这样勉为其难，不仅会给自己带来种种麻烦和苦恼，还会因无法把事情办到最好，而使对方满怀希望到大失所望，甚至耽误了对方的时间，使对方恼怒。

在他人有求于你时，你必须有自知之明，力所不能及的事一定要果断、诚实地进行拒绝。这不仅可以不会给自己造成麻烦，而且是对他人负责的态度，可以让对方另找方法解决，而不耽误他人的时间。

作为女性，若想拥有好的人际关系，在拒绝别人时就要讲究艺术，这样才能不给人家"一盆冷水"，也能让对方理解你的用心。说话讲究技巧，拒绝同样讲究技巧。

1. 当对方提出要求时，千万不要直接拒绝，除非你想失去一个朋友或是多树立一个敌人。如果对方属于领悟能力较强的人，你不妨试着用暗示的方法进行拒绝。

2. 不要断然拒绝，要用笑容拒绝。在生气的时候，断然拒绝别人的请求，常会因"口不择言"而伤害对方。在拒绝的时候，要面带微笑，态度庄重，使对方感到你对他的尊重和礼貌。如此一来，即使被拒绝了，也会欣然接受。

3. 对于比较不好拒绝的人，你可以婉言陈述自己的现状。当对方获知情况后，再转守为攻，令对方知难而退。这是一种避免正面冲突的方法。

谁也不愿意向别人开口请求帮助，如果这样就一定有他需要你的原因。如果你轻易地予以拒绝，会使自己失去帮助别人、获得友谊的机会；也许他向你要求的这一点你帮不上忙，你可以用另一种替代的方法帮助他。如此一来，你虽然拒绝了他原来的请求，他还是一样会感谢你的。

4. 给自己留下回旋的余地。有些问题还不明朗，需要进一步了解事实

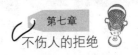

的真相，或者看看事态的发展以及周围形势的变化，方可作出决定。模糊地答应他人就不会给自己留下余地，如果反悔，不仅影响自己的威信和声誉，也会因此对人际关系造成不该有的损失。所以，当我们面对不确定的问题时，应该使用"尽力而为"、"尽最大努力"、"尽可能"等有较大灵活性的字眼，给自己留下一定的回旋余地。

5. 给对方一点希望之光。要求你解决或者答复问题的人，内心总是寄予厚望的，希望事情能够如愿以偿，圆满解决。如果突然遭到生硬的拒绝，很可能会失望或者悲伤，心理上也很难平衡。这时候就需要你不要把话说死，不妨说："这件事情比较棘手，让我看看再说。"既给自己的态度留下了回旋的余地，又使对方不至于感到绝望。

所以，会说话的女人拒绝别人时一定要绕个弯，留有"心机"，这样既可以使自己不至于勉为其难答应承诺，又不会让对方陷入尴尬无地自容。

先应后拒，不宜多用

有很多时候出于各种原因，比如碍于面子，对方来头大等，我们不能过于直接地拒绝他人的要求。除了婉转地使拒绝容易接受外，还不妨先答应下来，然后再用反悔给他一个交代。

如果有一天别人为调动工作或为亲戚找份工作等诸如此类的事找你帮忙，而你又无能为力，该怎么办呢？假如你马上一口拒绝的话，那么对方极可能会认为你不肯帮助他，甚至你们的关系因此而僵化，说不定以后你可能有什么事要找他的话，即使他有能力帮助你，但他却记起前"仇"以牙还牙。因此，最好是让对方认为你已尽心尽力地为他着想了。你不妨这样去做：

立即请对方写份简历，包括毕业于哪所学校、所学专业、本人志趣和特长、思想表现等交给你。这样别人就亲眼看到了你想帮他忙的事实，造成别人产生可能找对了人的错觉，然后编出一套坦率诚恳的说辞："你的事就是我的事，我会尽力而为的。明天我马上拿你的简历去找熟人……过几天你再来好吗？"

几天后，你应该抢在人家还没有来之前去个电话或亲自上门拜访，说："这几天我一直为你的事活动，A 单位可能没有什么希望，B 单位却说要研究研究。"

再过两三天，你主动找到他说："真对不起，你托的事目前都已落空了，我通过所有我熟识的人，却……真没办法，等以后有机会再说吧。"

尽管你根本没去找那些熟人，但对方一定对你感激不尽。

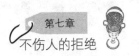

这种拒绝方式同样也可以用在其他方面。生意上，有人求你看能否通过关系为他批点出厂价产品，你最好也立即行动，说："好吧，我会尽力去帮助你的。"即刻询问对方要什么型号，大概要批多少等。接着按上述步骤，几天后不要等对方上门你就应该向对方解释，说自己已找过领导，领导很难说话，或者说所有产品别人已全订了，只能等今后的机会等。

有人想趁你出差的机会，托你为他买某种型号的产品。请你不要马上拒绝对方的要求，应该马上接受对方所给予的用于购买商品的金钱，并坦率表明一定帮他找找，若有的话一定帮着买回来。然后，在出差地点再给对方去个电话，说你走完了几家大商场都没有发现那种型号等。

如此种种，举一反三，灵活运用，就会从容"逃避"日常生活中许多不必要的麻烦。

当然这种方法不宜常用，只能偶尔作为应急之法。拿破仑说："我从不轻易承诺，因为承诺会变成不能自拔的错误。"因为我们知道经常为之，定会露出破绽，遭人指责。大多数人都喜欢言出必行的人，却很少有人会用宽宏的尺度去谅解你不能履行某一件事。我们常常听见某甲埋怨某乙，说："某乙分明答应了我……但……"

事实上，某乙虽然可能答应过某甲，但那不过是某乙怕难为情不好意思拒绝而已，接着他仔细一想，便觉得这事根本不可能办到，甚至某甲自己也知道这事实在强人所难。但是某甲真的会自责而不责人吗？恐怕不会，而在旁人看来，也总是觉得某乙不对，因为到了那种地步，已经没人注意当初他的一切了。

抛出"破唱片"，纠缠不再来

使用委婉拒绝，一般要注意三点：一是要尊重对方的感觉，无论在语言上或行动上不刺伤对方；二是不应用婉言挖苦、讽刺别人，占别人的便宜；三是不要把婉言使用到啰嗦、虚伪和矫饰的程度。

在人们的社会交际中，常常碰到这样的问题：有些熟人找你办事，你感到左右为难。办吧，出于某种考虑，你内心不愿意；不办呢，你又担心别人不理解，弄僵了关系。

有一种方法，能帮助你处理这类问题，消除这类烦恼。这是由介夫曼戴尔博士创造的"破唱片法"。这种方法告诉你，只要你像一张破唱片，重复同样的声调，一而再、再而三……

"破唱片法"具有特定的步骤。第一步，通过问清情况，了解对方的企图；第二步，同意对方所说的事实或者同意对方有权陈述那样的意见；第三步，透露你不想做、不喜欢做的事。这"三招"都用完后，如果对方仍然固执其求，你就不厌其烦地重复这三个步骤，直到对方放弃纠缠。

这是一种委婉拒绝的技巧。其一，它能帮助你拒绝不愿意做的某种事情。使用这种方法，可以抗得住任何软磨硬缠。这样，能避免你因做了不愿意做的事而感到懊恼。其二，这种拒绝是一种委婉的拒绝。在处理人际关系方面，委婉是必要的。因为找你办事的熟人，或是你的同学同事，或是你的好朋友，处于某种"角色"，你都不便拉开"架势"，对他们发泄你的不满。其三，在某种条件下，它可以增进人们的相互了解。"路遥知马力，日久见人心。"倘若有双方互相尊重的前提，委婉的拒绝能促进思

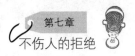
想的沟通和理解的加深。

拿亲朋好友间借钱来说吧，在现实生活中，借钱并不只是金钱这个单一议题，并不是有足够的钱就借，钱不够就不借这么简单。即使有足够的钱，你还是需要思考一些问题，譬如你对借钱的人看法如何？借钱的人会还钱吗？对方借了钱又是做何用途？从某一方面来说，碰上借钱的事，会让你多观察一下对方，研究对方的个性、需求，最后才做出是否借钱给对方的决定。

若是手头上有些钱，刚好有人想来借，此时一般人都会觉得不好意思拒绝，尤其当想借钱的人也知道你有钱的时候，那就更尴尬了！碰上这种难应付的场面，的确令人感到不舒服。但是，如果违背自己的意愿而掉入对方的陷阱中，那你一定会更加恼怒。

这时你可以回答："我很希望能帮得上忙，但是我无能为力，真的不行，抱歉。"若是幸运，他听了上面的回答，借钱的念头或许就此打住。但是，如果你得再多说一些话，以下的回答可供你参考。

为对方保留面子，说："我的钱不够……"因为没有钱而拒绝借钱给人，理所当然。这种做法显示你不借钱与个人因素完全无关。对于想借钱的人来说，以这种方式拒绝比较不会让对方难堪，虽然有时候会有些牵强附会，但你表达了不借钱是因为个人财务不容许。无论如何，拒绝的说辞宜简短。

"对不起，这段时间我手头也不方便。"

"我目前的状况也不太好，现在没有多余的钱可以借给你。"

"对不起，我可能无法借给你。因为我的收入不太稳定，得确保在收入少的时候自己能过得去。"

"对不起，我的原则是不借钱给朋友，因为我觉得那样不好。"

"除非是很紧急的情况，我一般不轻易借钱给别人。但是你现在并没有很紧急，我得跟你说声抱歉。"

"我们的友谊对我而言很重要，所以，我得向你说抱歉，我认为如果

我借了会破坏我们的交情，我不希望变成那样。"

同样破唱片法可以用来委婉地拒绝你不爱的人的求爱。以下是一些较为常用的委婉拒绝的话以及它们实际的意义。

女士常用：

——我把你当作兄弟；

——你我在年龄上似乎有些差距（我不想和我父亲或我弟弟谈恋爱）；

——我想在某个方面我不是你想要的那种人（你不够吸引人）；

——不是你的错，问题在我；

——我现在只想专心于我的事业（我宁可干一些无聊的事，也不想和你约会）；

——现在我的生活一团糟（由于某种原因，我不想和你约会了）；

——我已经有男友了（我宁可和我的猫待一个晚上，也不想和你约会）；

——我不想和同事约会（假如你和我是同行，我可不想和你约会）；

——我是一个独身主义者。

男士常用：

——我把你当作自己的姐妹（你一点也不吸引人）；

——我们似乎年龄不合适（你一点也不吸引人）；

——我对你来说不合适（你一点也不吸引人）；

——现在我的生活一团糟（你一点也不吸引人）；

——我有女友了（我在说谎，实际上你应该知道你一点也不吸引人）；

——我可不想和同事谈恋爱（我在说谎，实际上你应该知道你一点也不吸引人）；

——问题出在我身上，而不是在你身上；

——我只想专注我的事业（我将会专注于任何事，只要它能让我忘了你）；

——我是一个独身主义者（我将会专注于任何事，只要它能让我忘了

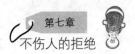

你）；

——我们更适合做朋友。

委婉拒绝可使自己超脱。委婉拒绝，实际上就是学会说并非直言的"不"，而是话中隐含的"不"。

踢个"回传球"，让他死了心

要想让自己成为一名说话高手，就要掌握一些说话的技巧，特别是要掌握一些拒绝人的技巧，因为拒绝是一件让人很没"面子"的事情。但如果你能巧妙地拒绝别人，就不会给人留下坏印象，也不会破坏彼此的感情。拒绝别人时用踢"回传球"的方式，就能达到这种效果。

在谈话的过程中，不得不说"不"时，你也可以突破思维的局限，用对方的话来拒绝对方。换句话说，也就是合理地从对方的话语里引出一个合乎逻辑的相同问题，巧踢"回传球"，让对方"哑巴吃黄连——有苦也说不出"，从而达到轻松拒绝对方的目的。不过，在拒绝别人时，还应注意以下几点：

首先，和对方保持适度的身体距离。据心理学家研究，"触动"是很容易产生相同感受的。因此，和对方说话时，最好保持一定的距离，避免在说话的过程中因拍肩膀、拉手等接触性的亲密动作，从而产生在心理上难以拒绝的感受。

另外，立即说"不"，不要拖延。找理由拖延说"不"的时间不是明智之举，因为不值一驳的理由只能暂时搪塞对方，只能得到一时的解脱，但只要有机会，对方仍然会向你提要求，直到你答应为止。

你不想陪邻家的女孩去逛街，便推说："今天没时间。"她就会说："没有关系，你明天再陪我好了。"你不想借钱给对方，便推说："我的钱都买股票了。"他就会说："没关系，你把这个月的工资借我一半就行。"你不愿和对方约会，便推说："我现在太小，不想找男朋友。"他就会说：

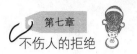
"没关系，我可以等你慢慢长大。"

很多时候，就因为我们的理由不强硬、不充分，所以一经对方反驳，自己就招架不住了。因此，对付这种情况，还不如直截了当地用较单纯的理由明确地拒绝对方。"我没时间陪你逛街，非常抱歉！""我没有多余的钱借给你，请原谅！""我已经有男朋友了，不能再接受你的感情，对不起！"等等。

如此强硬的拒绝之辞，虽然显得生硬，没有人情味，但理由简洁明快，不给对方有可乘之机，从而可以让对方死心，也不会给自己留下负面效应。

最后，以"敬而远之"的态度对待他人，即不要与对方套近乎、拉关系。如果在交谈中和别人称兄道弟，就容易产生亲近感。因此，在想拒绝别人时，就应避免这些称谓，可使人心理上产生疏远感，再说拒绝的话时就不会有太多顾虑了。

拒绝又不失礼的妙招

怎样才能既拒绝了别人，又不得罪人呢？恰到好处、不失礼节地拒绝别人也是有法可循的，现在就给你支几招。

1. 相反建议式

小张和小李是一个部门的同事。部门经理让小张整理一些资料，但是他担心自己做不好，便请小李给予帮助。小李说："我很愿意帮你的忙，但是非常不凑巧的是我手里正有份工作还没做完。其实，凭借你的能力和素质是完全能够把整理资料的工作做得很好的。你不妨先自己做，也许等我做完手里的事能帮你做一点儿。"小张只好说："好的，谢谢你的鼓励哦！"

小李的一番话说得非常巧妙，不但拒绝了对方，而且提出了相反的建议，对方也就无话可说了。如果小李一本正经地回答："你的事我可做不了啊！"这样说反而伤了同事之间的和气。

2. 相互矛盾

当别人向你提出了感到为难的要求时，不妨先承认他的要求的可理解性，同时表达出满足他的要求的希望，但接着就要说出不容置疑的拒绝理由了。

公孙仪非常喜欢吃鱼。他在做鲁国的宰相时，很多人都争相买鱼来献给他，但都被他拒绝了。他的弟弟很好奇，便劝他说："你喜欢吃鱼却不

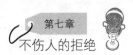

接受别人的鱼，这是为什么呢？"他回答说："正因为我爱吃鱼，所以我才不接受他们送来的鱼。如果我收了别人献来的鱼，一定要有迁就他们的表现；有迁就他们的表现，就会枉法；枉法就会被罢免相位。如果不收别人的鱼，就不会被罢免。自己爱吃鱼，我就能一直供给自己鱼吃了。"公孙仪懂得靠别人不如靠自己，懂得靠别人给自己不如自己给自己的道理。

3. 岔开话题

当别人向你提出某种要求时，他们往往通过迂回婉转的方式绕了个大圈子才说出本意，如果你在谈话不到一半时就摸清了他的意思，而你又无法确定自己能否满足对方的愿望，那么不妨岔开话题，让他知道这样做会使你很为难，他也就知难而退了。

林肯被一个来自费城的非常讨厌的家伙死缠烂打，那个秃头家伙浪费了他的不少时间。后来，林肯终于想出了一个摆脱的办法。当那个家伙第二次来访的时候，谈话过程中林肯故意打断了他的话，匆匆忙忙地走到房间角落的一个衣柜旁，从里面取出了一瓶药水，对那个家伙说："你有没有试过这种长出头发的药水？"

"没有，我从来没有试过这种药水，先生。"秃头急忙回答。"好吧，"林肯说，"我劝你不妨试一试，我先把这瓶送给你吧。如果开始时不怎么见效的话，你可以接着使用，一直试下去。别人都说这种药水能让秃头长出头发来。现在，你就把它拿走吧，等十个月之后你再来见我，告诉我这种药水的效果。"

4. 诙谐幽默

幽默的语言可以调和气氛，而且能使对方在笑声中感受到话语的意义。如果用幽默的方式来拒绝，不但立刻使我们轻松起来，对方也不会感到重

重压力。

一次，一位著名的英国电影导演在指挥拍摄一部大片时，请来了一位大明星、大美人担任该片的女主角。从拍摄开始起，女明星就不停地唠叨，不是拍摄角度不好，就是拍摄手法不够巧妙等等。总之，女明星不停地提醒导演必须从她的"最好的一面"选择镜头，而且多次对导演说："你必须要满足我的要求！"导演笑着说："对不起！我做不到。""为什么呢？"导演大声说："因为你最好的一面正被你压在椅子上了！"拍摄现场爆发出一阵哄笑。

第八章

批评不再难堪

"良药苦口利于病，忠言逆耳利于行。"古人把"忠言"与"苦药"的作用等同，足见批评的话的确不中听。批评得当，一生受用；批评不当，可能两败俱伤。批评也是一种艺术。批评的效果更多地取决于一些微妙甚至难以言传的感应和领悟，特别需要注意对批评对象、时机、场合和方式的选择，只有这样才能收到事半功倍的效果。

批评别过分，点到为止

批评之所以会遭到拒绝，或者令对方产生逆反心理，主要是由于批评者不了解当事人的处境而使其感到非常委屈，或者是批评者的权威性立场暗示当事人的愚昧或笨拙而引起其反感。所以，诚恳的批评应该避免上述的错误，批评也要讲究艺术性。

心理学研究表明，任何人都不想把自己的错误或者隐私暴露于公众面前，一旦被大家知道，当事人会感到非常尴尬和恼怒。因此，在日常交际中，如果不是出于特殊的需要，我们尽量不要碰触对方的敏感区，避免令对方当众出丑。在需要指出时，我们尽可能委婉地指出对方已知的错误或者隐私，就足以给他造成很大的压力了。但一定记住：不可过分，点到为止。

英国19世纪政治家查士德斐尔爵士曾这样告诫他的儿子："要比别人聪明，但不要告诉人家你比他更聪明。"

有一个年轻的纽约律师，当时他正参加一个重要案件的辩论。这个案件关系到一大笔钱和一项重要的法律问题。在进行激烈的辩论时，一位最高法院的法官对年轻的律师说："海事法的追诉期限是6年，对吗？"年轻律师先是一愣，然后看看法官，坦率地说："不是，法官先生，海事法是没有追诉期限的。"

年轻的律师后来对他的一个朋友说："当时，整个法庭立刻变得鸦雀无声，似乎连呼吸都无法听到。虽然我是对的，他错了；我也如实地指了出来。但他没有因此而高兴，脸色变得铁青，让人望而生畏。尽管法律站

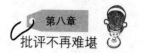

在了我这边，但我已经铸成了一个大错，竟然当众指出一位声名远扬、学识渊博的法官的错误。"

这位年轻的律师的确犯了一个"比别人正确的错误"，为什么在指出别人的错误时，不能采用一些更高明的做法呢？所以，永远不要这样说话："等着瞧吧，你会知道谁是谁非的。"其实，这等于说："我会改变你的看法的，我是更聪明的人。"从实质上说，这是一种挑战，在你还没有准备证明对方的错误之前，他已经做好了迎战的准备。我们又何必给自己制造这样的困难呢？

不论你用什么方法指出别人的错误：一个轻视的眼神、一种不屑一顾的腔调、一个看不起的手势，都有可能带来极坏的后果。你以为他会认同你的意见吗？根本不会！因为你否定了他的智慧和判断，践踏了他的自尊和人格，还伤害了你们之间的感情。他不但不会感激你的高见，反而会坚持自己的看法并进行强烈的还击。这时你再搬出柏拉图的逻辑也于事无补了。

所以，我们还是要尽量避免容易发生的冲突和对立，为构建和谐的人际关系多想出一些更好的批评办法，使我们的批评更容易让人接受。

批评有法，不能胡来

　　"人非圣贤，孰能无过？"与别人共事，总会遇到或多或少的问题，别人出错时需要你提出批评和建议。批评他人时，一定要讲究策略。脑门一热、口无遮拦的批评是非常愚蠢的。我们不但要真诚地赞美，更要有善意的批评。

　　一个摄影爱好者，拿着自己的一些作品去拜访一位摄影家。摄影家就耐心地告诉他，哪张取景的角度不好需要改变，哪张光圈有点小，哪张曝光时间太长……当摄影家讲得津津有味的时候，他意识到这个摄影爱好者总会找出或多或少的理由来为自己辩护。他不是说取景时没有找到合适的拍摄位置，就是当时的天气条件不利，就这样絮絮叨叨地说。

　　当摄影爱好者离开后，摄影家觉得自己真是有点傻。他说："人家根本不是真的想听我的意见的，何必说那么多话呢。"

　　其实，这种情况完全可以理解，因为现在愿意虚心接受批评意见的年轻人实在是太少了。

　　人们做错事或者吃了亏后，除非他愿意主动告诉你，才会坦白承认自己的错误，但如果是你主动指出了他的错误，一般情况下他都会找出各种理由为自己辩解。留心观察一下，无论是大错误还是小过失，没有几个人能在别人指出后立刻坦率承认并愿意改正的。所以，批评别人时，一定要讲究策略，态度要真诚。

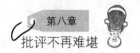

三年前，小芬离开家到上海的一家公司做了文秘，那年她才18岁，高考落榜。初涉世事的她茫然不知所措，幸运的是她在这里遇到了一个老乡爱琴。爱琴比小芬年长，而且离家多年，生活的历练使她成熟了很多。所以，每当看到小芬犯错误的时候，她总是想批评她几句。一次，爱琴找到小芬想跟她好好谈谈工作上的失误，但转念一想，小芬年纪小，阅历太浅，孤独地漂泊异乡，不能太过苛责。于是，爱琴改用和颜悦色的方法对她说："现在你做错了事，自然是难免的，我像你这个年纪的时候，做的错事比你多得多，所以我相信你随着年龄的增长一定会成熟起来的。现在，你这样做不是好多了吗？"小芬欣然接受了爱琴的劝告。

不同的人对同一个批评，会产生不同的心理反应，因为不同人的性格、阅历、修养以及对问题的看法都是千差万别的。所以，我们要根据不同人的特点区别对待。对自觉性较高的人，可以采取启发其进行自我批评的方法；对思想比较敏感的人，宜采取暗喻批评的方法；对思想麻痹的人应采取警示批评的方法；对性情率直的人，可以采取直接批评的方法。

恰当的批评要做到细密周到、恰如其分，普遍性的问题可以当面进行批评，对于存在的个别问题应进行特殊批评。当然，批评不可全盘否定，只针对其错误进行批评，使其及时改正，不可一概而论。

忠言更要"顺耳"

不管是伟人还是平凡人，都是不喜欢被人批评，哪怕心里明明知道别人批评自己是爱护自己，对自己有帮助的，但"面子"上就是"挂不住"。因此，一个高明的口才高手往往在不得不批评他人时，也尽量运用一些技巧把逆耳的忠言说得动听，使人容易接受。

"良药苦口利于病，忠言逆耳利于行。"话虽如此，但是大部人都有本能地排斥别人批评的心理，这是人性的弱点。即使是一些极具智慧、极具威望的人物，有时也不喜欢听批评。美国前总统卡特就曾在一次听完国内数十位教会代表、政府官员、企业家、工会代表、艺术家协会代表的批评后，深有感触地说："我不是那种听了批评能够不在乎的人，我也不愿意承认自己有缺点、有做错事的时候，只是过了几次，我才会明白，对于一个担任总统职务的人来说，这样的批评是多么地有益处。"

新婚后不久，小李就发现妻子经常满脸忧郁，而且像林黛玉似的满怀心事。

"你为什么总是不快乐呢？你看，今天天气多好呀！如果你笑一笑，我想你那些莫名的烦恼就会荡然无存的。"诸如此类的话，小李经常对妻子说，可妻子每次听后，都满脸不高兴。显然，她听出了小李话语中隐含的批评之意。

为了帮妻子改掉忧郁的毛病，小李决定换一种方式。一天，他对妻子说："我给你讲一个故事吧。"他的妻子同意了。

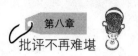

一天，有个过路的神仙发现一位年轻人正对着一块巨石发笑，就忍不住上前问道："年轻人啊，这里有什么东西值得你笑呢？"

"哦，不，这里没有什么东西令我发笑。我笑是因为我把笑当作一种愉快的运动。"年轻人回答说。"笑是一种愉快的运动？"神仙不相信地问道。"是的，当我轻声地笑时，能使咽喉、胸隔膜、腹部、心脏、两肺，甚至两肝都能获得一次短暂的运动；当我捧腹大笑时，它还能牵动脸部、手臂和两腿肌肉的运动。""年轻人，我还是有点不相信你的话。"神仙说完，转身走了。他身后，又传来年轻人哈哈大笑的声音。

若干年后，神仙又路过那里，发现一位老者正站在那里发笑，就又走上前去想问个究竟。可当他走到那老者跟前时，他惊呆了，原来这位老者就是多年前的那个年轻人。这时老者也认出了神仙，他微笑着说："你好！我们又见面了。""是的，我们又见面了，可这中间相距了80年，现在你应该超出100岁了吧。"神仙问。"106岁了。""我丝毫也看不出你有衰老的迹象，你的身体为什么还如此硬朗？"神仙问。"我之所以如此健康，就是因为我常年坚持笑。"老者笑着说。

自从给妻子讲过这个故事后，小李发现妻子慢慢地变得开朗活泼了，她的脸上开始有了笑容，以前那种病怏怏的样子已荡然无存了。

不难想象，假如小李直截了当地对妻子说："你应该改改沉默寡言、不苟言笑的毛病了，这样多不好啊！"毫无疑问，这样的批评只会引起妻子的反感和恼怒，更不要说让妻子改正缺点了，甚至还有可能引发一场"战争"。而小李用故事的方式，让妻子在轻松、娱乐中不知不觉接受了自己的观点，这样的批评效果反而更好。当你想批评某人或是希望某人接受你的意见时，你也不妨试一试。

翻"老账"、揭"伤疤"，效果差

恰到好处的批评方式所产生的效果，应该是使被批评者心悦诚服，主动地接受批评，改正错误，并且受到鼓励，使自己向更好的方向发展。但是，批评时要注意分寸，不能眉毛胡子一把抓，而应该每次就事论事才能收到好的效果。如果一味地翻陈年老账，揭过去的伤疤，既不会起到好的效果，还有可能使对方更加反感和愤怒。

在很多单位，一些管理者在批评员工时，常因为翻老账而引起员工的不快，这是因时过境迁以后，曾经犯过错误的员工以为自己已经得到了上司的谅解，并相信上司已将过去的事情遗忘了。但是，当自己现在做错了某一件事时，上司在批评他时又旧事重提，于是立刻勾起了一段不愉快的回忆，伤害了自尊。

某工厂有一名工人，以前因为工作失误，受过一次通报批评的处分。后来，他和一名同事吵了一架，于是车间主任找他谈话，对他进行批评，可只进行了几句就谈崩了。下边是他们的对话：

车间主任："你对同事大打出手，可真够威风的啊，你眼里还有没有王法，还有没有厂规？"

工人："我……是他先挑起来的，我……"

车间主任："你怎么样？去年那个通报你忘了吗？我可是没忘啊！你是不是还想再来一个？……"

工人："那你就给我再来一个通报吧！一个我抱着，两个我背着！"

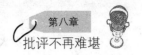

车间主任："你……"

批评最忌讳翻陈年老账，将对方过去的问题一股脑儿地抖出来，以显示自己的理直气壮。殊不知，连珠炮式的指责只会加大对方的对抗情绪，使所遇到的问题更难解决。

"并不是我喜欢揭人的疮疤，而是他的态度实在太恶劣，一点悔过的意思都没有。我这才忍不住翻起旧账来的。"车间主任事后为自己辩解说。

有些领导记忆力很好，连员工初入公司的事都记得一清二楚，深恐没有训人的题材，甚至大家都忘记的事他都记得。这些领导似乎已经形成习惯，一批评员工就以过去的失误为例："你过去就犯过同样的错误，白受了处分！""你的老毛病又犯了！""你从劳教所出来，厂里看你家庭困难要了你，怎么一点不争气啊！"此类话实在没有一丝一毫的必要，无异于火上浇油，激化了双方的矛盾。员工对过去的失误，一般讳莫如深，不希望在任何情况下提起来，因此在批评他时要讲就方法，不要翻陈年老账、旧事重提。

现代社会，是一个人际关系复杂、社交活动频繁的社会，具有良好口才的人，无论走到哪里都会受到欢迎。因为他们即使是批评人的时候，也能把批评的话说得动听，而且让你听后不但立即改正，还能不怨恨他们。我们一般人，即使达不到他们那种说话水平，但是在批评人时还是要向他们学习。只有这样，才能提高自己的说话水平，使自己的批评更艺术、更容易让人接受。

专挑好听话，对方更虚心

每个人都有自己喜欢听的语言。当听到自己喜欢听的语言时，这种语言就会激起他的兴奋感，使他消除反感和戒备心理。因此，一些说话高手在批评他人时，就会精心挑选对方爱听的话来说，这样既不伤和气，又能使对方虚心接受，确实是一种高明的批评之术，居里夫人就擅长此法。

一次，居里夫人生日的时候，她的丈夫彼埃尔用一年的积蓄买了一件名贵的大衣，作为生日礼物送给爱妻。当居里夫人看到丈夫手中的大衣时，爱怨交集。她既要感激丈夫对自己的爱，又要婉言说明不该买那么贵重的礼物，因为那时他们的经济很拮据。

"亲爱的，谢谢你，这件大衣确实谁见了都会喜欢的，但是我要说，幸福是内涵的。比如说，你送我一束鲜花祝贺生日，对我们来说就好得多。只要我们永远一起生活、工作，这比你送给我任何贵重物品都要珍贵。"如此深情的一席话语，既使彼埃尔认识到自己花钱买礼物确欠妥当，又为妻子的爱情回赠而深深感动。

在与他人交谈时，要避免伤害对方的感情。当谈话对他不利的时候，就要使用抽象、暧昧的用语。例如，不要说"你弄错了"，而说"谁都会犯这种错误"。不要说"你也老了"，而说"人老是不可抗拒的自然规律"。不要说"你穿这件衣服难看死了"，而是说"如果你换另一件衣服，将显得更年轻漂亮。"不要说"你的工作能力太差！"而要说"我相信你能在

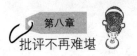

短时间内提升工作能力"。

另外，在批评人时，可以以大人、小孩、男人、女人、年轻人、中年人、老年人等一般性的称呼来代替对方的名字，对方会以为那只是包括自己在内的一般性的问题，并非专指自己。因此，戒备心理会大大减弱，这样就能不知不觉地接受你的劝说。

不过，在选择对方喜欢的语言来批评时，要注意以下细节：

1.切忌强迫性说教。有的人在批评时，不管对方愿不愿意听，就强迫对方接受自己的批评。即使对方表示反抗，也无所谓。这种人不在乎批评的效果，他们只喜欢一吐为快，甚至有时就是为了显示自己的权威，或者是"公报私仇"。当然这样的批评是没有丝毫教育效果的。

2.不了解情况就批评。事实上，没有调查就没有发言权。但是，还是有很多人不分青红皂白就批评别人，就责备对方"不懂礼貌"、"不务正业"、"不专心工作"等等。这样的言辞往往会激怒对方。这种批评由于在没有弄清楚事实真相时就妄下结论，因此说的话既不能服众，又伤害人心。可见，在不了解事实真相的情况下就批评人是不可取的。

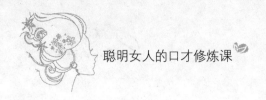

批评对事不对人

"何谓人事，不过是做人和做事的人而已。"这是一位多年从事人事工作的老前辈曾经说过的话。作为领导，在你的公司进行批评的时候，一定要对"人"和"事"有清楚的认识，避免因人废事和因事废人的倾向。

"小李，你难道就不能多花点心思在工作上吗？你真是让我太失望了。""怎么了，罗主管？我一直在努力地干呀！""努力？你这还叫努力？我说你根本就是心不在焉。你若是能少花点心思在你那帮酒肉朋友身上，安心坐下来想一想你下一步的工作，我就谢天谢地了！"

这位姓罗的主管在评价小李的工作时，把他的工作表现与他的个性、交友习惯联系起来进行批评，会导致双方都陷入窘境。小李会觉得主管过于霸道，连私人生活都要干涉；认为只要自己做好分内的事即可，主管根本没有权利管自己到底与谁交朋友；认为如果自己工作做得不好，主管可以指明错在哪里，让自己纠正，但没有必要把工作与自己的个人问题牵连起来。小李甚至还可能就因为罗主管的这些话，觉得自己受到了侮辱，从此产生了抵触情绪。

罗主管的一番善意的批评，不但没有达到预期的效果，反而加深了他与小李之间的误会，更加不利于以后工作的开展。

虽说事情都是人做的，但在批评下属时，还是要尽量对事不对人。案例中的罗主管实在是太厉害了，不仅指责小李的工作，还牵扯到他个人生

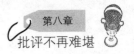

活中的交友问题。这实在是很不明智的行为，身为主管，你应该强调的是如何提高下属的工作质量，对事而不对人。

上面故事中的罗主管就犯了这样的错误。因为工作表现有四大要素：下属的动机、下属的客观行为、部门对该种行为的支持，以及行为的结果。上面几项要素，没有一项与下属的个性有关。个性是下属自己的事，你和这位下属所关注的应该是他的工作表现，以及改善工作表现的方法，你需要评价的是他的工作而不是他的个性。俗话说："江山易改，本性难移。"要想改变一个人的性格和生活习惯，虽然不能说不可能，但至少也是非常困难的。如果这位主管把评价的重心放在小李的工作错误上，而不是他的个性以及私人生活方面，事情至少还有回旋的余地。

人的行为是人的主体作用于外部环境的具体表现。由于行为的不同，表现在行为的结果上也就会有成功或失败。惩罚的目的是为了帮助行为的主体端正认识，转变态度，纠正偏离组织目标的行为。那么，管理人员进行批评应以下属在特定时间、特定空间的行为为批评对象，而不应该以下属本身为批评对象。

一位领导不能老是"做好人"，有时候也必须责备和惩罚，只不过要适时罢了。假若你不这么做，错误的事会接二连三地出现。此外，你也等于告诉其他的人，不管工作成绩或做事态度如何，你都不会在乎。当然，你都不在乎，下面的人也会跟着你不在乎。

记者在访问某县委书记，向其询问他的治县之道时，问道："成功往往源自一个优秀团队整体的默契配合，我想政府也不例外吧？"该书记对其进行了充分的回答，他说："是的，我们着重强调两点：相互尊重，互相补台。懂得尊重他人，才会被人尊重；不懂得尊重他人，也往往不会被人尊重。尊重他人实际上也是在尊重自己。领导干部要善解人意，善待他人。对班子成员负责，班子成员才会对自己负责；不拿部下当事，部下也

不会拿自己当事。如果领导干部不被人尊重，那就要反思自己是否尊重别人。当然，尊重人也要坚持原则，以理服人，并不是刻意地去吹捧和迁就，更不是不敢大胆地去管理。即使是批评部下，也仅是批评错误，不辱人格。另外，班子成员分管的工作，都是你中有我，我中有你，交叉重叠。领导干部不论能力大小，工作中都难免存有漏洞和失误，需要相互配合和补台。自己的工作需人弥补，他人的工作需己弥补。相互补台都'上台'，相互拆台都'下台'。单位有了成绩，大家光荣；出了问题，都有责任。给同事补台，也是在给自己补台；拆同事的台，也是拆自己的台。互相补台，营造宽松的工作环境，对人、对己、对事业，都是有益而无害的。"

其中，他就以自身的经验提出在批评的时候，"是批评错误不辱人格"。相信其他领导者对此也有相同的感受。

只要知道什么行为是错的，为什么错了，以及改变这一行为的具体行动，我们就能在相当大的范围内改变自身的行为。也就是说领导者的批评要针对事实。如果上面故事中罗主管和小李都把重点放在具体的行为上，小李就能知道自己需要在哪些方面改进，并就是否改进作出决定。

在执行批评惩罚和激励时，需要对受罚者指出的是他的行为有何错误，对社会、集体和他人的危害是什么。这样做也是为了防止让下属认为你对他有成见。"对事不对人"不仅容易使下属客观地评价自己的问题，让下属心服口服；它的重要意义还在于这样可以在部门内部形成一个公平竞争的环境，使下属不会产生为了自己的利益去溜须拍马的想法。

中国历史故事中《晏子使楚》的故事，是每个小学生都知道的。春秋时，齐国的晏子奉命出使楚国，楚王嘲笑晏子身材矮小，让他钻狗洞；还找人装扮成小偷，对他们进行批判，攻击齐国人的道德有问题等。最后，都被晏子一一驳回，弄得楚王只好自食其果，承认是"反受其疚"。想使别人丢面子的结果是自己更丢面子。

　　当人们感到丢了面子时，容易固执己见，产生决不退让的念头。在这种情形下，人们考虑的不是问题是对还是错，而是竭力维护自己的观点。因为他们觉得面临的是他人对自我的进攻，而不是对客观认识的分歧，这样他的侧重点就是抵制进攻和伺机反攻，就会采取针锋相对的办法使对方也感到难堪。

　　因此，在执行批评惩罚和激励时，不应该对行为的主体进行人身攻击、人格侮辱或剥夺行为主体应该享受的权利。如果以下属本身为批评对象，批评就变成了人身攻击。一旦下属遭受人身攻击，自然而然会采取含有敌意的防范措施，这种情况下批评就发生变质，管理人员对于批评所预期的功效也将会落空。

　　对事而不对人的评价工作要求领导者首先找出工作中需改变的具体行为。例如：不精确的数据、不够详细的具体措施、错误的构思等。因为领导进行批评的目的是要解决问题，是为了今后把事情办好。只要错误得到了改正，问题得到了解决，批评就是成功的。因此，领导者必须首先弄清事情的来龙去脉，据此同下级一起分析问题的成败得失，做到以理服人。由于对事不对人，下级会积极主动地协助领导解决问题。否则，不分青红皂白，撇下问题而教训人，就容易感情用事，使下属误以为领导在蓄意整人进而结了思想疙瘩，一时难解。只有当惩罚的执行者和受罚者双方都把惩罚看作是对行为的反应时，双方的感情才会融洽，改正错误和帮助其改正错误的态度和决心才会坚决。

　　其实，人和事本是统一的。俗话说："事在人为。"具体的事都是具体的人做出来的，所以纠正了问题也就等于批评了当事者。因为这种方式对事情是直接的，但对人却是间接的，它形成了"上级（批评者）—问题（要解决的事）—下级（被批评者）"这样一个含有具体中介物的结构。因为这样做言之凿凿，使下级无法抵赖和回避，容易被人接受。抽掉中介，直接对人，当事人就可能吃不消。

对下属的批评应当客观而公正，这是有效批评的最基本的原则。但有些领导往往并不重视这一点，他们在某些犯错者面前怒不可遏，冲动之下偏颇的话往往是不假思索地从领导的嘴里脱口而出，使下属万分尴尬、沮丧。

问题是这种批评必须是针对工作的，而绝不能损伤他人的人格，要追究失败的原因，促使他本人反省，从失败中吸取教训，作为下次行为的借鉴，然后迈向成功。

当然，澄清了事实也并不等于解决了下级思想上的问题。接下去的工作应是凭事实摆道理，只要是正确的，就不会令人不服。在批评之后，或者在会议结束时，要让你的下属清楚自己有改进的责任。你可以让他对自己要怎么改正，以及在什么时候完成任务作出具体的承诺，并且对其间将要遇到的困难作出初步的预测。

运用"对事不对人"的技巧进行批评，既解决了问题，又团结了下属，真正达到了批评工作的目的。说到底，"对事不对人"力求实现的就是从本质上解决问题，通过事实做人的工作，而在感情上对批评者说来却是委婉的，可以接受的。

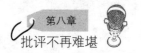

下属的"丑"别外扬

　　人人都爱面子，人人都有维护自尊、渴望别人尊重的需要，这也是人的自重的表示。设想一下，假若你的下属因为被你当众责骂面子受到极大的伤害而觉得下不了台，抱着横竖都挨责备的心理，一反常态地和你争吵起来，甚至把本单位一些不该为外人知道的事情也抖出来，当领导的岂不是无法保全自己的"面子"？

　　谁都不愿把自己的错误或隐私在公众面前"曝光"，一旦被曝光，就会感到难堪而恼怒。所以作为一个领导者，要想深受别人的欢迎，提高你的人气，应时刻遵循"家丑不可外扬"的原则。这一原则不仅能使你获得对方的好感，而且也有利于在下属中树立起美好的形象。"家丑不可外扬"从经营管理的角度来说，不是完全没有道理的。要做到家丑不外扬，当领导的首先不要把下属的"丑"外扬才好。

　　大多数管理者都有这个经验，表扬时应该大造舆论，让更多的人分享成功的喜悦，同时尽可能用书面形式或奖状等，以延长表扬的喜悦和影响。但批评一个人时，则大多单独进行，不在第三者面前，尤其是不在集体或对其有特殊意义的人面前进行。

　　古时候有一位十分有名的侠客，他的属下有近千人。一次，他的朋友问他："有那么多的子弟仰慕你、跟随你，你有什么秘诀呢？"他回答说："我的秘诀就是，当我要责备某位犯错误的弟子时，一定叫他到我的房间里，在没有旁人的场合才提醒他，就是如此。"

日本的社会学家岛田一男在援引这个例子后说："无论是辈分较长的人或是领导，都应该有这位侠客的认识才好。人在大庭广众之下被责骂，会觉得没面子，很可能会委靡不振、意志消沉，有的可能对你产生反抗或憎恶的态度。"

美国实业巨子雅科卡说过一句耐人寻味的话："假如你想表扬一个人，用书面；如果你想批评一个人，用电话。"这话形象地说明要求受尊重乃是人们普遍的愿望。

如果你希望自己的批评取得好的效果，就要在攻心上下功夫，绝不能使别人反对你。一定要记住，你要做的事实际上是一种说服工作，即打动对方的心，使对方回到正确的航向上来，而不是去贬低他的自我。即使你进行批评的动机是高尚的，是真心实意的，也要注意场合问题。当有其他人在场时，哪怕是最温和的方式也很可能引起被批评者的怨恨，使他感到在同事或朋友面前丢了面子。

英国著名学者帕金森把进行批评比作谈恋爱，以表明批评时任何第二者都是多余的，这也是给别人留面子的做法。适宜的批评应该在起到提醒注意的作用后，尽可能消除其产生的不愉快的心理影响。

作为领导者，经常面对的不是怀有敌意的挑衅，而是各种不同类型性格的人，他们需要理解和尊重，领导者的工作就是对好的进行褒奖，对不好的进行批评，为企业的一致目标而努力。那么，管理者的可贵之处就是善于发现每一个积极因素，用表扬或批评的方式，强化这种因素。人的面子很大程度上影响到人的工作状况。批评是最容易刺伤别人自尊心的，为了防止影响工作质量更要注意面子问题。如果不顾及面子，公开场合进行批评，那么批评作为一种行为，它的影响远远超过了批评的内容，是得不偿失的。有些管理人员喜欢在班组会或集体会时不指名地明确批评某人，效果也不会好的。比较合适的办法就是私下谈话，以讨论的形式表示你的意见，避免不必要的矛盾。

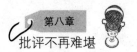

有时候对于应该的批评，领导者往往采取的是非正式谈心的方式。两个人在非公务的场合谈心，不免会透露出一些秘密和心声。领导者千万不要把心中的想法告诉第三者，否则就会辜负了下属的信任。如果被外人知道，以后再传到当事人耳中，他就会有被骗、被羞辱的感觉，进而质疑上司的人格。

俗话说："家丑不可外扬。"想必你明白其中的道理。因此，不要在其他人在场时对别人进行说教。无论是批评孩子，还是同事朋友，或是下级，都应将批评的范围尽可能缩小，而不要肆意扩大，这是一种批评的攻心术。如果你想到处树敌，或使你的威信降低，你不妨在大庭广众之下指出某个人的错误。那么就会使这个人感到困窘，心生怨恨，不但以后他不愿跟随你，还可能一辈子都不会原谅你！假如在场的人有支持他的，你的敌人就更多了！因此，绝对不要轻易尝试。

"家丑不可外扬"的原则，是表示不公开地隐蔽地给人以启示，是交际中常用的一种技巧。如果在大庭广众之下公开指责他人的错误，不但会伤害他的感情，而且有损你的形象，他也许会承认错误，但无法接受这种批评方式，这会使他对你充满敌意，一旦有机会，就可能以牙还牙。

从心理学角度来看，暗示是在无对抗的条件下用含蓄、间接的方法对人的心理和行为产生影响。这种影响表现为使人按一定的方式去行动或接受一定的意见，它是一种被主观意愿肯定了的假设，不一定有根据，但由于主观上已肯定了它的存在，便使人的心理尽力趋向于这项内容。特别是在某种交际场合，因种种原因语义不能明说，但必须要传递的情况下，使用暗示能起到不同凡响的效果。这在企业管理领域中有极其重要的意义。

某公司的一个情报科长，因为提供错误的市场信息而导致企业领导决策失误，造成了企业的重大损失。对于这样严重的错误，总经理完全可以将情报科长撤职。但这位总经理并没有急于作出处理，他考虑了两点因素：

第一，目前还找不到一个更适合的人选来代替这个部门经理的职务，一旦将他撤职将会影响工作。第二，这位情报科长可能是"好马失蹄"，由于一时大意而出现判断错误。如果贸然将他撤了，那么他就会毁掉一员大将，一个人才。于是，总经理把这个情报科长找来，告诉他自己即将要对这个错误事件作出一定的处理，但没有明确地告诉他具体如何处理。

事情就这样拖下来了。在这段时间里，犯了错的情报科长为挽回错误，一直兢兢业业地工作，为企业的决策多次提供了很有价值的信息，做出了贡献，他用事实证明上次的失误是意外，他做这项工作是称职的。

对此，总经理十分满意。于是，总经理再次将他叫去，对他说，这一段时间他的表现非常好，公司本来准备给他嘉奖，但是由于上次的失误还没有进行处理，所以，公司决定既不嘉奖，也不处分，既不升也不降，将功抵过，功过抵消。

任何具有上进心的人都不愿犯错误，何况你这样做的目的只是让他改进工作，而不是贬损他的人格。被批评者认识到你完全是为他好，且顾全他的面子，必会对你心存感激，你说的话，他也能听得进去了。就如总经理采用这种处理方法令该情报科长以及其他下属心服口服，不但没有影响工作，还取得了很好的批评效果。

作为领导，千万不要急于追究部下的责任，你需要的是用冷静的态度稳稳地掌握主动权。什么时候处理最合适，用什么样的方式处理最妥当，都是你应考虑的，只有这样你才能赢得部下的心，使其成为你的忠实拥护者。对于下属的一些过失，管理者最好采取单独面谈的方式，只要他认识到自己的错误，就没有必要当着其他人的面要他作公开检讨，而只要在你的办公室里，面对面地同他单独谈，就足以使他反省了。

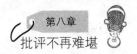

批评讲原则，对方易接受

批评只有讲究原则性才能收到良好的效果。恰当的批评不但能使对方心悦诚服、愉快地接受并改正错误，同时还能受到鼓励，在以后的工作和生活中做得更好。接下来告诉你三个基本的批评原则，灵活运用的话能使你的批评更有效。

1. 分场合批评

人人都爱面子，谁都不想在人前丢面，不希望别人看自己的笑话，除非有其他想法、观点的人不一样，他才不在乎什么面子问题。为什么非要批评不可呢？为什么不能平心静气地把问题提出来，让对方自己认识到错误并不断反思改进？这样不是更好吗？

试想一位部门经理带领下属去拜访顾客。但在拜访过程中，领导发现下属的言谈举止存在很大问题时，就不能当着顾客的面进行批评。此时高明的领导者会帮下属掩饰他的缺点，拜访结束后在没有第三者在的时候对下属提出批评，这才是绝妙的时机。

2. 提出建设性的意见

积极的批评是在展开批评的同时提出一些建设性的意见，这种建设性的意见可以削弱批评中的否定因素，使被批评者不会在批评中感受到太多的不快，而且能主动放弃原来的想法接受你的意见。

小区王大妈年轻时就守寡，历尽千辛万苦把两个女儿两个儿子拉扯成人。子女们纷纷成家立业，平时工作一忙起来就没时间回来陪伴老人。王

大妈独守空巢，整天郁郁寡欢，特别是在生病的时候，子女不在身边，街坊邻里能抽空照顾一下。社区赵主任了解到情况后，联系了王大妈的四个子女，商量解决老人的赡养问题。赵主任对几个子女说："我知道你们几个平时工作起来非常紧张，但是作为子女，每个人都有赡养老人的义务。看看能不能克服一下各自的困难轮流照顾你们的母亲？如果确实抽不出时间的话，最好商量一个可行的办法解决老人的生活问题。"

赵主任没有直接指出四个子女不照顾老人的错误，而是首先肯定了大家工作繁忙的事实，接着提出了建设性的意见："能否轮流照顾？"这样的批评容易被大家接受，同时又指出了解决问题的办法。最终，大家很快拿出了照顾老人的妥当方法。

3. 表扬在先，批评在后

好的批评氛围能为批评取得良好的效果。如果在批评对方之前先赞扬其长处、肯定其价值、满足其心理需求，这就创造了一个良好的批评氛围。这样的氛围一方面削弱了批评本身难以令人接受的程度，另一方面使被批评者不致产生强烈的逆反心理。

摄影记者小马，做事粗枝大叶、马马虎虎，他经手的稿件里总会出现这样那样的错误。牛总编批评他说："小马啊，你做的稿件总能站在一个全新的角度，这一点对于年轻人来说是非常难得的。但如果你能在撰写稿件时注意一些错别字、标点符号的使用规范的话，你的稿件就更完美了。"小马听完牛总编的话后，丝毫没有被批评的感觉，并虚心地接受了他的意见。此后，小马在工作中精益求精，时时刻刻注意稿件中的错字和标点。小马在年末的表彰大会上获得了"优秀记者"的称号。

综上可见，讲究原则的批评才能收到预期的效果！

第九章

不同场合的场面话

　　现今社会中，女性大多会走入职场，进而面临竞争。在竞争中工作能力和工作态度固然重要，但懂得恰到好处地说出场面话，也是取得个人成功不可缺少的重要因素。无论是初入职场面对考官、在公共场合的激情演讲，还是与商业伙伴进行的激烈谈判和临场辩论，都需要掌握基本的说话技巧。所以，女性朋友们练好口才，能在职业生涯中处于有利地位。

给面试官留一张独特的名片

"亲爱的女士，先谈谈你自己吧！"应聘时，当我们进行基本的寒暄后，总会遇到这样的问题。许多应聘者会说："我不是都已经写在简历里了吗？为什么还要再提这样的问题呢？"并流露出不耐烦的神色，有人甚至直接说："这些内容我都已经在简历里写清楚了。"

请所有女性切记：必须绝对地尊重面试者提出的任何一个问题，并态度诚恳地进行回答。而回答这些问题正是你进行"自我推销"的绝好机会。你能拿出一张与众不同的"话语名片"，就能给对方留下深刻的印象，而且或许在接下来的时间里如顺水推舟般胜利前进。

1. 表现出你的礼貌

在进行自我介绍之前，你应该先跟面试官打个招呼、道声谢，这是最基本的礼貌问题。你可以这样说："先生，您好！非常感谢您能给我这个机会！现在，我向您做个简单的自我介绍……"自我介绍结束后，你要向面试官致谢，有时还要向其他面试人员致谢。

2. 怎样谈优点

既然面试时面试官可能问及你的优点，那么在回答这类问题时你应该至少举出三个能显示你特长的具体事例，或者你可以向对方展示自己的多项技能，并阐明自己在哪些方面强一些，在哪些方面弱一些。

对自己的优点、长处，你一定要少下评语，多摆事实，面试官一定会问及你的能力、性格、特长以及业绩等。此时，你不要凭空给自己下结论，要拿出能充分说明问题的材料给面试官。

3. 怎样谈缺点

对自己的缺点，你要从克服的角度去谈。人无完人，谁都会有自己的缺点。你在介绍自己的情况时，除了充分说明自己的优点外，对存在的缺点也不能隐瞒，否则会给面试官留下华而不实的印象，注意要从克服缺点的角度谈自己的缺点。

4. 用事实说话

中国有句古话："事实胜于雄辩。"在面试时，有些人为了能给面试官留下深刻的印象，往往对自己的情况进行过分的夸张，不是"我的业务水平是数一数二的"、"我的业绩在全公司独占鳌头"。其实，这样反而会给面试官留下不好的印象。现在大多数用人单位都非常注重应聘者的工作能力，而对其他方面不是特别看重，诸如在学校的学习成绩或者获奖情况等，他们更看重应聘者的真本事。所以，在时间有限的面试过程中，不可能展示出自己的全部才能，但可以通过实例来证明自己，把你的才华展示给面试官。

丹丹是某大学中文系毕业，准备到一家报社应聘记者。与上百名新闻专业的毕业生相比，丹丹并没有什么优势。

但她早已进行了充分的准备，丹丹对面试官介绍自己时说："我叫赵丹丹，毕业于山西大学中文系。虽然我不是新闻专业毕业，但我对记者这个职业非常感兴趣。在上学的时候，我就是学校的校报记者。在4年的时间里，我进行了大量的校内外采访，积累了一定的采访经验，再加上我的中文功底，我相信自己可以胜任贵报的工作。这是我在大学期间发表的采访报道，请各位领导批评指正。"

面试官看过丹丹的报道材料后，觉得眼光独到、内容深刻，都很满意。最后丹丹战胜了众多的竞争者，很快就收到了录用通知。

应聘者自我介绍的根本目的是使面试官对自己有个初步的了解，并尽可能留下好的印象，以便使面试进行得更深入，从而最终获得面试的成功。所以，应聘者在进行自我介绍的过程中，应尽量避免出现以下情况：

1. 不着边际

应聘者为了显示准备得充分，生怕有什么疏漏，自我介绍没完没了，而且与主题的关系不够密切。某些应聘者考虑过细，甚至把自己的生日、籍贯、家乡情况、毕业日期等说得一清二楚，听得面试官们昏昏欲睡，当然没有兴趣再问你别的问题了。

应聘者一般应从最高学历说起，只要面试官不问，完全没有必要谈及小学、中学，甚至是大学。谈你的所学专业和课程时，没有必要说到你的成绩。谈及你的职业经历时，千万不要东拉西扯、漫无边际，最好在 5 分钟内完成自我介绍，简洁明快、干脆有力。

2. 得意忘形

当面试官用夸大的语言和语调赞美你的时候，你一定要警惕，他的心里可能正翻滚着一腔怒火。他的语调表明，他不想再听那种"得意忘形"的自我介绍了。由此可见，夸奖的言辞、恭维的话不一定是好事，有时并不能真正表达人的内心。如果你刚被面试官称赞就马上得意忘形，以为已经得到了面试官的好感，这样往往会弄巧成拙。最好的办法是，谈论某个话题时，先说一点，同时试探面试官的真正意图，找到隐藏在赞美之辞里的真正含义，再接着说下去。如果面试官的话中已有明显的讽刺之意，你应该立刻转移话题，并找机会弥补。

3. 缺乏自信

介绍自己本来是可以谈得很好的话题，但很多人在推销自己的时候缺少自信和勇气，这也许是担心引起别人的反感。我们经常也听到这样的话："我没什么好说的，你们每天不是都看到了吗？"这使他们形成了很少进行自我评价的习惯，等轮到他谈论自己时，不免会害羞，不知从何说起。

雅文去一家公司应聘接待职位。在整个面试过程中，她的声音小得连她自己都很难听清楚，而且在谈到自己时，一直是满脸涨红。后来她打电话询问录用结果，公司的人事部门告诉她："面试官说你说话的声音太小了，显然对自己缺少自信，没有年轻人的活力和朝气，难免缺少必要的应酬能力，这样怎么能胜任代表公司形象的前台接待呢？"

在"语言名片"的形成过程中，无论你的措辞多么华丽，内容多么充实，你的语气都要充满自信，语速不要过快，吐字清晰，千万不要让面试官感觉你的声音发抖发颤。声音是非常具有感染力的，如果你的声音充满了活力和自信，那么将会给面试官留下深刻的印象。如果你的声音优美动听，那就好好利用它，它将成为你面试成功的一件利器。

4. 语言空洞

求职时的自我介绍，必须做到对自己进行客观切实的评价，千万不要使用那些抽象的词语。面试官只相信那些可以量化的业绩，而不会对你自我介绍中的"兴趣爱好广泛"、"组织能力突出"之类的词语感兴趣。如果你能在"兴趣爱好广泛"之后加上一句"曾代表学院参加省级演讲比赛，并获得一等奖"，那么产生的效果就会完全不同了。

文静的各方面能力都很强，但是在一次求职面试时，她被淘汰了。分析原因后，她认为自己的介绍语言空洞，不能令人信服。她当时这样说："我在读大学时，一直担任班级的团支部书记，组织能力强，交际广泛，好奇心很强，兴趣爱好广泛，朋友比较多，有韧性。"

文静的自我介绍究竟有什么问题呢？"组织能力强"、"有韧性"之类的抽象词语本是面试官记录对应聘者印象的词汇，而应聘者不应用其对自己进行介绍。应聘者参加面试的目的是推销自己，极力宣传自己的心理

是可以理解的。但应聘者自称有组织能力、好奇心很强、有韧性等，面试官怎么能轻易地相信呢？

　　作为现代女性，若想顺利地闯过职场第一关，那就好好珍惜每次难得的面试机会，这是对你各方面能力的考验和历练，这样你才能逐步走向成熟，成为一名成功的职场女性。

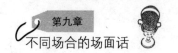

这些错误不能犯

虽然没有人能保证一点儿错误不犯，但是会说话的女人能不断地修正错误走向成熟。

谨慎的言行在任何场合都适用，特别是在求职面试时，只有谨慎说话，才不会因为疏忽而造成失误。在面试的过程中，招聘方会根据自己的需要提出各种各样的问题，使面试者防不胜防，因而出现错误。然而在面试中，有些错误却是一些相当聪明的求职者也难免会一犯再犯的。下面举出一些情况，供大家参考和借鉴。

1. 不善于打破沉默

面试开始时，应聘者不善打破沉默，而等待面试官提出问题。面试中，应聘者出于种种顾虑，不愿主动说话，结果使面试出现冷场的情况。即便能勉强打破沉默，应聘者的语音语调也非常生硬，使场面更显尴尬。实际上，无论是面试前还是面试中，应聘者可以主动致意进行交谈，这样可以给面试官留下热情和善于交谈的良好印象。或许，他正在对你进行性格测试。

2. 与面试官"套近乎"

具备一定专业素养的面试官是忌讳与应聘者套近乎的，因为面试中双方关系过于随便或过于紧张都会影响面试官的评判。过分"套近乎"也会在客观上妨碍应聘者在短短的面试时间内做好专业经验与技能的陈述。会说的应聘者可以举出 1~2 件有根有据的事情对招聘单位进行赞扬，从而表现出你对这家公司的兴趣。

3. 缺乏积极态势

面试官常常会提出或触及一些让应聘者感到难为情的事。很多人对此面红耳赤，或躲躲闪闪，或撒谎敷衍，而不能进行如实地回答和正面解释。如面试官会问："您为什么在 5 年里换了 3 次工作？"有人可能会大谈工作如何困难、上级不支持等，而不是告诉面试官："虽然工作很艰难，自己却因此学到了很多，也成熟了很多。"

4. 丧失专业风采

有些应聘者面试时各方面表现得非常好，但如果被问及原所在公司的情况时，就会愤怒地抨击其老板或者公司，甚至大肆谩骂。在众多国际化的大企业中，或是在具备专业素养的面试官面前，这种行为是禁忌。

5. 为偏见或成见所左右

有时候，参加面试前自己所了解的关于面试官或招聘单位的负面评价会影响自己在面试中的思维，误认为貌似冷淡的面试官或是严厉或是对应聘者不满意，因此在面试中表现得非常紧张。还有些时候，面试官是一位看上去比自己年轻更多的女士，心里暗想："她怎么能有资格面试我呢？"其实，在招聘面试这种特殊的"采购"关系中，应聘者作为供方，需要积极面对不同风格的面试官，即客户。

6. 慷慨陈词，却举不出例子

应聘者大谈个人成就、特长、技能时，聪明的面试官一旦反问："能举一两个例子吗？"应聘者便无言应对。而面试官恰恰认为：事实胜于雄辩。在面试中，应聘者要想以其所谓的沟通能力、解决问题的能力、团队合作能力、领导能力等取信于面试官，惟有举例，所以在面试前要做好充分的准备。

7. 不善提问

有些人在不该提问时提问，如面试中打断面试官谈话而提问。也有些人面试前对提问没有充分准备，等到有提问机会时想不起问什么。而事实上，一个好的提问，胜过简历中的无数笔墨，会令面试官刮目相看。

8. 被"请君入瓮"

面试官有时会考核应聘者的商业判断能力和商业道德方面的素养。比如：面试官在介绍公司诚实守信的企业文化之后问："你作为财务经理，如果我（总经理）要求你在 1 年之内逃税 1000 万元，你会怎么做呢？"如果你当时抓耳挠腮地思考逃税计谋，或文思泉涌，立即列举出一大堆方案，那你就真的中了他们的圈套。实际上，在几乎所有的国际化大企业中，遵纪守法是员工行为的最基本要求。

9. 主动打探薪酬福利

有些应聘者会在面试即将结束时，主动向面试官打听该职位的薪酬、福利等情况，结果是欲速则不达。具备人力资源专业素养的面试者是忌讳这种行为的。其实，如果招聘单位对某位应聘者感兴趣的话，自然会提及其薪酬情况。

10. 对个人的职业发展缺乏规划

对个人职业发展规划，很多人只有目标，没有思路。比如当问及"你未来 5 年的事业发展计划是什么"时，很多人可能会回答："我希望 5 年之内做到全国销售总监一职。"如果面试官接着问："为什么？"应聘者常常会感觉有些莫名其妙。其实，任何一个具体的职业发展目标都离不开你对个人目前技能的评估以及你为胜任职业目标所需拟定的粗线条的技能发展规划。

11. 假扮完美

面试官常常会问："你性格上的弱点是什么？你在事业上经历过挫折吗？"有人会毫不犹豫地回答："没有。"其实，这种回答常常是对自己不负责任的。任何人不会没有弱点，不会没遇到过挫折。只有充分地认识自己的弱点，也只有正确认识自己所受的挫折，才能磨砺真正成熟的人格。

12. 不知如何收场

很多应聘者在面试结束时，因成功的兴奋，或因失败的恐惧，会变得语无伦次，手足无措。其实，面试结束时，作为应聘者，你不妨表达一下对应聘职位的理解；充满热情地告诉面试者你对此职位感兴趣，并询问下一步是什么；面带微笑和面试官握手并感谢他的接待。

作为一名女性求职者，若想在求职的过程中更顺利，一定要尽量避免以上错误，这样求职之路才会畅通无阻。

爱你在"薪"，口不难开

在求职面试的过程中，有一个问题常常令你伤透脑筋，那就是关于薪水的问题。为什么关于金钱的事总是令人难以启齿呢？因为人们总是担心会在无意中伤到自己。如果说高了，未免有些不自量力；如果说低了，无异于自我贬低。

每位求职者在面试过程中不可避免要面对薪水问题，采取哪种态度与雇主谈论薪水将影响你的面试能否成功。下面的建议仅供参考。

1. 让面试方感到雇用你是值得的。谈薪水时你不妨先换位思考一下：如果你是公司的管理者，你希望自己的雇员是什么样的人呢？只有把你和企业的关系弄清楚了，说到薪水才能顺理成章。

你可以从企业的需要出发来展示自己的能力，让对方知道你能为他们做什么，给他们带来什么利益，你拥有哪些技术知识、能力和潜能等等，总之，要让对方感到你就是他们要找的人才。

得到了对方的认可后，你就可以争取高薪、福利了。要注意在提薪水时，最好提出一个大致的范围，这样给双方都留有余地。

2. 做到心中有数。你应该对自己将面临的情况做个全面调查，做到心中有数。如：这家公司的经营状况如何，你所应聘的职位的薪水行情，你能接受的条件是什么，在哪些方面你可以让步等。

3. 全面了解企业的福利制度。福利是员工收入的一个重要组成部分，对员工来说是至关重要的。所以，在关心薪酬同时，你应该全面了解企业的福利制度。在很多大型的跨国公司，员工的薪水可能并不高，但福利待

遇特别好，这也是吸引人才的一种有效手段。有的公司可以保障高水平的住房公积金和保险待遇。

4. 如实说出你的期望薪资。一般的公司虽然都有自己的薪资制度，但是为了吸引更多的人才，基本的薪资方案也会在一个小范围内进行变通。如果你羞于谈薪水，只是模糊地说"按公司的薪资制度办"之类的话，表明你对自己和企业都没有一个清晰的认识，这对你来说并没有什么好处。

你完全可以大胆地说出你的期望薪资。如果你是刚刚毕业的大学生或新进公司的人员，公司一般都有明显的制度，由于你的工作能力、表现都没有过往的记录可证明，所以基本没有讨价还价的空间。处在这个阶段的求职者，你的期望只能是"按公司的规定办"。

如果你已经具有了一定的工作经验，那么你的期望就是：在你掌握了一些信息的基础上，提出一个合理的范围；如果你不确定自己提出的期望薪资是否恰当，也许你可以请教对方——"这个职务在贵公司的薪资待遇如何？"

5. 问及薪水时要注意方式，把握好时机。人才择业，实际上是推销自己的过程，从某种意义上说，也是一种"买卖"，应当货比三家，从而找到最能体现自身价值的发展机会。但目前很多人在择业过程中，对要不要问薪水的问题感到困惑，担心问得不好可能会引来招聘者的反感。

实际上，问题的关键不是该不该问薪酬，而是要把握好提问的时机。面试时，在谈到你的工作经历时，招聘者往往会问你现在的收入情况。你可以在回答完问题后，顺便一问：这个标准与贵公司的相比有多大的差距？但是经验丰富的面试官当然不会给出你一个准确的数字，他的回答会含蓄些，比如"不会比你过去的低"等。通过这样的回答，你大致可以推算出新岗位的薪资水平。即使面试官不做出正面回答，或者对这个问题有些反感，但由于这个问题是"承前启后"的，所以也不会过分怪罪于你。

有些公司会在面试时主动问：你的期望薪酬大致是什么样的？此时，

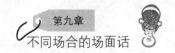

你可以提出反问：我愿意接受贵公司的薪酬标准，不知按规定这个职位的薪资水平是多少？这样问，你不但没有暴露自己的底牌，反而摸清了对方的情况。如果你对那个标准非常满意，双方就可以一拍即合了。

　　掌握了上述的方法后，相信更多的职场女性不会爱你在"薪"口难开了，你可以更从容淡定地决定自己的进退，在社会的大舞台上跳出更轻松的舞步，展示自己的精彩人生。

谈判高手的模糊语言

通常情况下，当你不想让对方知道自己的真实意图，或者对自己的观点没有把握和信心时，常会说出一些模棱两可的话。当你评论完某件事后，就会加上"不过，有时也会……"之类的话，以便给自己留个台阶。

如果不牵扯利益冲突的话，我们对这种表达方式会有些反感，不肯定也不否定，让人觉得他总是那么没有立场。但是，如果把它放到谈判桌上，它的作用可就非同一般了。

政治家们大部分都是个中能手，他们总能把事物的两面性巧妙地融入自己的话语，所以我们经常能在电视或新闻里听到这样的话："这个问题很重要，应该慎重考虑，我们愿意为此做出积极的努力……"这样回答，使你不知道他到底考虑得怎么样又做得怎么样，但他已经做出了"圆满"的回答。这就是模糊语言的妙用。

在商务谈判中，有时你会出于某种原因而不愿把自己的真实想法暴露给对方，这时你就可以输出一些"模糊化"的信息，既不伤害别人，又不令自己难堪。模糊语言在你遇到下面的情况时，会发挥神奇的功效。

1. 干扰对方的思维

在谈判过程中，利用体力消耗引起的注意力松散和戒备心理进入低潮的时候，可用模糊语言将对己方不利的问题暂时转移，或者将对方引入设计好的问题圈套中。

某单位与所在地区的几家供货单位都有业务联系。一次，他们与其中一家供货单位关于价格的问题陷入了争持。这时，公司的谈判人员突然扔出了一个新问题："据说，贵方收购了附近几家工厂的木材，而且是以很低的价格，然后再以高价销售给我们的。确实是这样的吗？"

"根本没有这回事。"

"哦，我们也只是听说而已，想向你们证实一下。"

"这绝对不可能的，厂里的事我们不会不清楚啊！"

"我们也不相信贵厂会这样做……"

双方就此事谈开了，一方表示"将信将疑"，另一方则说"这种事绝对不可能发生"，当买方说"时间不早了，让我们休息一下吧，明天接着谈"时，他们的目的已经达到了。等到下次谈判时，卖方的心里一定多了一个干扰信心的因素。

2. 在时机未到时，对方问你的态度

此时，你可以这样回答："好的，我先把情况向董事会汇报一下，之后我会以最快的速度告知贵方。"表面上看，你是答应了对方，而实际上你给出的是否定回答。你的"以最快的速度"让对方听起来很爽，但实际上你以董事会的名义拒绝了对方的要求。

3. 拒绝对方的意见

用模糊的语言表示不同的意见，既不伤害对方，又使自己避免难堪。比如，当对方陈述结束后，你可以这样说："或许你这样做是对的，但是我们仍然无法最终确定……"这种表达既给对方以一定的肯定，又不至于使谈判陷入僵局，同时否定了对方的意见，又给以合作的、抱有诚意的态度，这不是单纯地反驳或拒绝所能达到的。

4. 激发对方的情绪达到试探的目的

对方越迫切地想知道你的态度，你就越用模糊不清的态度予以答复，迫使他不厌其烦地阐明自己的本意，激发对方的情绪，使其暴露更多的真

实意图。

　　此外，模糊语言在拖延时间、刺探情报以及将来推卸责任等情况时也会发挥独特的作用，在你的职场谈判中巧妙运用，一定会挖掘出模糊语言的更多价值。

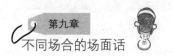

沉默，一种超越语言的力量

  说话一定要看场合。心理学家告诉我们，在不同的场合中，人们对他人的话语会有不同的理解和感受，并表现出不同的心理承受力。由于受特殊场合的心理制约，有些话必须在特定的环境里说才能收到好的效果，但有些话就未必能产生这样的效果。同一句话，在这里说与在那里说产生的效果不一样。因此，说什么、怎么说，必须注意说话的语言环境，如果环境不合适，或者说话的时机未到，最好的办法就是保持沉默。因为在此时，沉默是一种超越语言力量的谈判。

  一家美国公司正与一家日本公司进行贸易谈判。谈判之初，美方代表滔滔不绝地向日方介绍，但日方代表沉默不语，只是埋头记录。美方代表发言完毕，接着征求日方代表的意见。日方代表恍然大悟一般，说："我们完全不清楚，请允许我们回去研究一下。"于是，第一轮会谈就这样结束了。

  两个星期后，日方派来另一个代表团，新的代表团在谈判桌上首先声明自己完全不了解情况。美方代表也无可奈何，只好将上次的介绍又说了一遍。不料，听完后日方代表的态度仍不明朗，说："我们完全不明白，请允许我们回去研究一下。"就这样，第二轮会谈又告结束。

  又过了两个星期，日方又更换代表团，依旧是故技重施。这次，唯一的不同是他们告诉对方，一旦有讨论结果立刻通知美方。

  最后半年时间都过去了，美方还没得到通知，认为日方不讲信用。就

在此事将要不了了之的时候，日方突然派来一个董事长率领的代表团飞抵美国进行谈判，拿出了最后的方案，令美方代表措手不及。最后，双方达成了一个明显倾向于日方的协议。

可见，适时保持沉默是一种非常有效的谈判战术。沉默是话语中的间隙，是超越语言力量的交流方式。谈判中的沉默不是简单的沉默，而是"积极"的沉默。沉默可以表达不同的态度和观点。

在谈判的过程中，你可以在下面这些情形保持沉默。

1. 有些人表达意见、阐述观点时会情绪激昂、言辞锐利。对于情绪激动的人来说，在他激动时肯定会有一言抵三军的良好感觉。这时你发表的意见再怎么中肯，他一定会充耳不闻，或者竭力反对。但如果你在此刻保持沉默，等他平静下来后再与他心平气和地进行谈论，效果会不同。

2. 当对方为了维护己方的利益而极力反对你的观点时，并且对方的意见已经占据了主动地位，此时你最好保持沉默。

3. 专横的人往往更渴望别人的尊重，尊重他们的意见、观点，他们听不进别人的劝说和解释，更不允许别人超越自己。

面对专横的人，我们即使说得再透彻和精辟，他也不买你的账，甚至招来他的反感。所以，聪明的人一般会保持沉默，随他声嘶力竭、唾液横飞。你的沉默技巧会令他败下阵来，逐渐变得冷静，从而反思自己的言行。在专横的人面前保持沉默，通常能收到变被动为主动的效果。

4. 有时有理的一方急于表白声明，使对方了解真相，以维护自己的利益。但你面对的恰恰是些不明事理的人或者装糊涂的人，他故意不买你的账，这时你说得再透彻也是对牛弹琴，因为有理说不清啊！所以，别再白费力气了，你干脆保持沉默，反而使你能有所醒悟。

当然，谈判中的沉默是一种艺术，讲究分寸，不能随意乱用。那么，如何把握谈判中沉默的分寸呢？

1. 把握好沉默的时机。沉默的时机是有讲究的。适时沉默，会产生预期的效果；不该沉默的时候沉默，无法产生好的效果。

2. 沉默应与之前的发言、行为等积极配合，从某种意义上说，沉默是一种酝酿、准备，是等待时机的行为。

3. 沉默要切合谈判的需要。沉默看似是一种消极行为，实际则是以退为进的积极行动。沉默的目的在于更有效地进行谈判。

4. 把握好沉默时间的长短。根据谈判的需要，沉默时间该长则长，该短则短。积极的沉默不是长久的，而是暂时的，需要见好就收。

总之，沉默有时能在谈判中发挥出超越语言的力量。我们要充分有效地利用这种手段，达到表达立场、观点的目的，从而更轻松地获得谈判的胜利。

答非所问，虚晃一招

有人说谈判桌上进行的是一场语言和智慧的战争，而你的谈判口才就是这场战争的武器。在这场没有硝烟的战斗中，你最有力的武器就是充分发挥自己的智慧，运用各种技巧战胜"对手"。

谈判是谈出来的。谈判过程中对自己观点的阐述、正当利益的维护、对谈判中意外情况的处理、对谈判走向的控制和引导，都有赖于对语言艺术的把握。驾驭语言的能力越强，这些环节就能处理得越好，谈判的结果也会更加理想。而在谈判的过程中，故意回避对方的话题，答非所问地应对对方，是很多谈判专家在谈判过程中经常采取的策略。

1972年基辛格随尼克松总统动身前往莫斯科，途中经过维也纳时，就即将举行的美苏首脑会谈问题，举行了一次记者招待会。

在这次招待会上，《纽约时报》的记者提出了一个所谓"程序性问题"，马克思·弗兰克尔问道："到时，你是点点滴滴地宣布，还是来个倾盆大雨，成批地发表协定呢？"

基辛格回答说："我明白了，你看弗兰克尔同他的报纸一样地公正啊！他要我在倾盆大雨和点点滴滴之间任选一个。所以，无论我们怎么办，总是坏透了。"他略停了一下说："我们打算点点滴滴地发表成批声明。"

会场顿时哄堂大笑。

在这里，基辛格没有明确地接应对方的话题，而是用"答非所问"、

"环顾左右而言其他"的回避手法虚晃一招。它与一般回应的不同之处在于：看起来好像在正面回答问题，实际上不过是重复了对方提问中所包含的内容，因而没有增加任何新信息，回答的内容没有超出原问题中已有成分的范围，与提问内容没有差别，仅仅是简单地重复，但更为精彩。可见，具有一流的口才，是成为谈判桌上赢家的前提条件。

不过，作为一名职场女性，想成为谈判高手，就必须掌握谈判的几个原则：

1. 选择好谈判地点。特别是在商业谈判的过程中，谈判的地点往往是双方争议的第一个话题，因为地点的选择对谈判者会产生心理上的影响。一般情况下，谈判也讲天时地利，地点对自己有利，谈判的结果才有可能在自己的控制范围内。因此，最好把谈判的地点选在己方。如果谈判地点不在己方，那么应该尽量争取中立的地点，并携带得力的助手和相关的谈判材料。

2. 对对方提出的问题，要视情况予以回答，不要有问必答。高明的谈判者常常会用一些问题去诱导对方，以探究虚实。因此，如果有问必答就会不知不觉地陷入对方的圈套。另外，回答问题时，不要脱口而出，要给自己一些思考的时间，还应该注意以下细节：

（1）在未了解对方的意图时，不要着急回答。

（2）回答问题的某一个环节，而不是整个问题。

（3）对于涉及核心机密的提问，可以顾左右而言他。

（4）有时针对问题的答案，不一定就是最佳答案。

3. 掌握"火候"。"火候"不到，一切努力都白白浪费，因为解决问题和其他准备都需要时间。谈判过程中说服点的时间过早，条件不成熟，有可能导致谈判失败；时间过晚，又可能错过最佳时机。因此，掌握好时间，才能使矛盾的解决比较自然和顺畅，收到"水到渠成，瓜熟蒂落"的良好效果。

"淑女"怎样做到人前演说不羞涩

在不同的社交场合中，职业女性经常会遇到即席发言的机会。如果你是一位巧于辞令的"演讲高手"，那不是问题。但如果你是一位羞于在众人面前讲话的"淑女"，那也不必紧张逃避，拿出你的全部热情和胆量来，针对不同场合、对象表达自己的观点、意见或真实感受，这些你完全可以做得到。

看看下面几种情况的即席发言：

1. 被人发问时的即席发言

这种发言通常是在会议上、讨论中、答辩时，多数是被动式的发言。这种发言受发问内容的限定。因此，这种发言是相对容易把握的。这种发言，一般是一问一答、问二答二，对所问的问题做条理清晰、内容完整的陈述就可以了。如果别人质疑，就对"疑点"做出理由充分、符合实际的回答。如果是学术上的答辩，就将你的观点或研究成果用科学的方法进行论述……记住，把你遇到的问题解释得清楚明白就行了。

2. 被邀请的即席发言

被邀请的发言，应该基本做到以下几点：一是态度要谦逊；二是发言内容对听众是有益的；三是说出来的话要考虑听众的感受，引起听众的兴趣；四是内容要简短精炼。

3. "灵感"降临时的即席发言

"灵感"通常是在讨论会、酒席上、聚会时产生的，触景生情、由二想到三的联想、遐想。从一位谈话者的一句话引发了联想、勾起情丝；因酒兴所致，情思泉涌、打开话匣子；在讨论会上，讨论者思想的激烈碰撞产生的想法等。这种"灵感"式的即席发言应以趣事、幽默、愉快的内容为主，把握简洁、高雅、得体、趣味四个要素。

4. 必须说明的即席发言

这种发言通常是一个问题、一件事在被人误解的时候，对其不甚明白的地方进行解释的发言。这种发言可以指出、纠正别人问题的事实真相，达到澄清事实的目的，也可以为自己或世人作辩白。这种发言要抓住问题或事实的本质，切忌使用"夸张"、"描述"之类的言辞，否则容易把问题搞得复杂化了，使听众产生反感。

掌握上述几种即席发言的要点后，羞于讲话的"淑女"们就不用再担心自己的表现了。你的即兴演讲一定会为自己赢来更多的掌声和喝彩。

收好"篓口"，余音绕梁

作为职业女性，免不了会遇到在公共场合进行演讲的机会。而精彩的演讲结尾往往能够收到高潮迭起、余音绕梁的效果。

俗话说："编筐编篓，全在收口。"演讲要获得全面的成功，一定要精心设计好结尾。如果说好的演讲开头犹如"凤头"，那么好的演讲结尾就像"豹尾"。豹尾者，色彩斑斓而又强劲有力。演讲的结尾是对整个演讲的总结，它承担着收拢全篇的任务，因此，其意义非常重要。演讲的结尾既要有文采又坚定有力，既概括全篇又耐人寻味，才能使全篇演讲得以升华，收到良好的效果。

有人认为演讲的结尾甚至比开头还要难以掌握。演说要有一个精彩的结尾，这是听众所盼望的，也是每个演说最重要的部分之一。有的演说家有多年演说的经历，但至今仍没有摸索出一套比较圆满的结尾方法。他们曾尝试运用多种方式，在实践中不断摸索，最后总结了以下三点：

1.不要告诉听众你要结束演说了。最好不用"我现在做个小结和归纳"之类的话，也不要用某种表情或动作来表明你的演说即将结束，否则听众们便开始计算时间，分散注意力，很难继续专心听你的讲话，演讲的结尾也就没有人知道了。

2.应当让听众有一种余音绕梁、意犹未尽的感觉。假如你的讲话鲜明生动、切中要害，并且能用幽默使讲话活泼有趣，结尾又能引人深思，那就是一篇值得回味的好演说。

3.结尾不一定让听众笑个不停。有些演说需要高度的严肃，有的演说

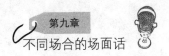

则需要戏剧性的结尾。

无论采用哪种具体方式，完全取决于演说内容的需要，取决于要传播的信息，也取决于演说的性质，甚至包括听众的结构和演说的具体时间与地点。一切都要从实际出发。

高潮迭起法是演说采用的一种结尾方法，即一层高于一层、一句比一句更有力量地把演说推向高潮结尾的方法。不过，这种方法不易运用，而且也不是一切演说者对一切题材都能适用的。但是，如果用得恰当，结果一定会非常好。例如，林肯赞美尼亚加拉瀑布的演说，就是如此。请看他怎样把哥伦布、耶稣、摩西、亚当等时代和尼亚加拉相比，一句比一句有力而达到高潮的。

很古以前，当哥伦布最初发现这一块大陆，当耶稣基督被钉在十字架上，当摩西率领以色列人渡过红海时，甚至亚当从创世主的手里出来，一直到现在，尼亚加拉瀑布一直在这里发着怒吼。古代的伟人，像我们现代人一样，他们曾经见到过尼亚加拉瀑布。那时的尼亚加拉瀑布和现在的瀑布同样新鲜有力，前世纪的庞大的巨象和爬虫，也曾见到过尼亚加拉瀑布。从那样久远的年代，一直到现在，尼亚加拉瀑布从未有过一刻钟的静止，从不干涸，从不冰冻，从不睡去，从不休息。

这个结束给人的感觉是一浪高过一浪，使人的心里难以平静，思绪被演说者牵着向前走。

演讲结尾的要求大致可以归纳为以下三点：

1. 加深印象，结束全篇

当演讲基本完成，听众对你的观点、态度以及讲述的有关知识基本已经掌握时，就必须考虑"收口"了。"收口"是从视觉、听觉上给听众留下最后的印象，在听众的大脑屏幕上"定格"。所以，"收口"的好坏直

接决定听众对整个演讲的印象。精彩的结尾往往能弥补一些不足，可以强化听众的总体印象。只要我们留意一下，便会发现古今中外的演讲家对结尾都是很重视的。

卓别林是著名的喜剧大师，也是出色的演讲家。他在1943年所作《要为自由而战斗》的演讲中，痛斥了妄图奴役人民的"野兽"，最后他用直接呼告的方式给听众留下了不可磨灭的印象。

哈娜，你听见我在说什么吗？不管你在哪里，你抬起头来看哪，哈娜，乌云正在消散，阳光照射进来！我们正离开黑暗，进入光明！我们正在进入一个新世界——一个更可爱的世界。那里的人将克服他们的贪婪、他们的仇恨、他们的残忍。抬起头来看哪，哈娜，人的灵魂已长了翅膀，他们终于要振翅飞翔了。他们飞到了霓虹里——飞到希望的光影里。抬起头来看呀，哈娜！抬起头来看呀！

2. 言简意赅，耐人寻味

演讲结尾切忌重复、松散、拖沓、枯燥，最好也不要是那种人云亦云的客套式的结束语，结尾言简意赅应该是演讲者追求的目标。一位大学生作了题为《时代的启示》的演讲，他的结尾是这样的：

我们——民族振兴之先驱，将以十倍的创新、百倍的努力迎接时代的考验！伟大的哥德曾这样欢呼新时代的到来："宽恕我吧！"渗透着时代精神，这是莫大的乐趣！看哪，从前的智者是怎样思考的，而我们最后却远远超过他们。

结尾犹如撞钟，清音缭绕，耐人寻味，令人感奋向前。

3. 戛然而止，余音绕梁

演讲到达高潮时，听众的大脑皮层高度兴奋，情绪饱满，注意力集中，这时果断收束，能给听众留下深刻的印象。美国作家约翰·沃尔夫曾说过："演讲最好在听众兴趣未尽时戛然而止。"在美国独立战争前夕，国务卿裴特瑞克·亨利在弗吉尼亚州议会上的演讲就采用了这种方法结尾。

我们的同胞已经身在疆场上，我们为什么还要站在这里袖手旁观呢？先生们希望的是什么？想达到什么目的？生命就那么可贵？和平就那么甜美？甚至不惜以戴锁链、受奴役的代价来换取吗？全能的上帝啊，阻止这一切吧！在这场战斗中，我不知道别人会如何行事，至于我，不自由，毋宁死！

亨利以"不自由，毋宁死"六个字戛然而止，使全场愕然，随后即发起了"拿起武器"的呼声。"不自由，毋宁死"则成了美国人民争取独立与自由的伟大誓言。

演讲结尾的格式，常见的有如下 5 种：

1. 比喻式

比喻是一种修辞手法。演讲结尾时运用贴切、生动形象的比喻，可以加深听众的印象。鲁迅先生的著名演讲《未有天才之前》，结尾是这样的：

泥土和天才比，当然是不足齿数的，然而不是艰苦卓绝者，也怕不容易做；不过事在人为，比空等天赋的天才有把握。这一点，是泥土伟大的地方，也是更有大希望的地方，而且也有报酬，譬如好花从泥土里出来，看的固然欣然的赏鉴，泥土也可以欣然的赏鉴，正不必花卉自身，这才心旷神怡的——假如当作泥土也有灵魂的话。

用"泥土"说明天才的成长需要一定的基础，希望青年甘愿做培植花木的"泥土"。用简单的比喻使道理深入浅出，发人深省。

2. 韵文式

演讲到结尾时，由于演讲者情绪激动，用一般的语言不足以表达心中的感情，往往借助于诗歌作结。解放军战士李俊华同志作了《大巴山的春风吹暖了我的心》的演讲。他是这样结束演讲的：

最后，我想唱一支我最喜欢的歌——《我心中的路》来表达我激动的心情：

……

世上的路有无数，

最难忘我青春的路。

它是曲折，它是变幻，

是泪水打湿的欢乐和痛苦。

世上的路有无数，

最难忘我心中的路。

它是希望，它是追求，

是生活的召唤和归宿。

3. 鼓动式

演讲者激情澎湃，采用鼓动式的结尾可以激发起听众的感情，并产生共鸣。《在圆明园遗址前的演讲》是这样结尾的：

圆明园被火烧的耻辱烙在了各个中国人的脸上，仇恨和教训也记在了每个中国人的心底。"落后就要挨打，强盛才能自主"，我们当代人应有志气雪此国耻，振兴中华，留下无愧于后代的历史，让火烧圆明园的惨剧不再重演！青年朋友们，为使我们的祖国成为最富有、最强盛、最文明的"万园之园"而奋斗、拼搏吧！

4. 决心式

结尾忌用决心式，但不是一律不能用。决心要坚决有力，不能不切实。有时，在特殊的情境和气氛下非要向听众表达自己的态度、决心时，那么这时的决心就不是蛇足，而是热血的奔腾、火山的爆发。闻一多著名的《最后一次演讲》的结尾是决心，表达了闻一多面对反动派的屠杀，大义凛然、视死如归的大无畏精神："我们不怕死，我们有牺牲的精神，我们随时像李先生一样，前脚跨出大门，后脚就不准备再跨进大门！"

5. 哲理式

哲理性的语言发人深思，给人力量，催人奋进。李燕杰同志在演讲《启迪青年的灵魂》时奉献给青年朋友的结语是："有人为了等机会，往往一心想摘取远方的蔷薇，却反而把身边的玫瑰踏在脚底，他们忘记了一切大事都必须从小事做起。一个人没有强烈的希求成功的愿望而能取得成功，天下绝无此事，人间也绝无此理。"

上面这些格式，在实际运用时常常是相互交错、包容的，不能生搬硬套，如在哲理式中当然也包含鼓动性，在鼓动式中也包含演讲者的决心。所以，结尾格式的分类不可能太细。除了上述五种结尾格式外，概括式、呼告式、想象式、升华式也是常见的，可以根据实际的需要运用，以给听众留下深刻的印象。

教你几招反驳术

从某种意义上说，不同见解的争辩过程就是寻求真理的过程。社会是不断进化的，事物是无比复杂的，那时那地那点被当作真理，这时这地这点未必被认为是真理。辩论就是为了探求真理、坚持真理、维护真理而互相劝说，论争的任何一方都想推翻对方的观点、确立自己的观点。因此，辩论和一般的谈话是不同的。

辩论是经常发生的，随时可能出现在同事、同学、朋友之间，是一种带有"敌意"的语言行为，因而有所谓唇枪舌剑之说。在日常生活中，我们应该严格确立辩论的价值观。为了分清是非，辨别真假、美丑、善恶，为了追求科学的真理、人类的进步、社会的文明，我们都应该热情地参加辩论。

在辩论中，你爱什么、恨什么，支持什么、反对什么，都必须观点鲜明地体现在自己的言辞中，容不得半点含糊。逻辑的力量在辩论中是不可小视的，想取得辩论的胜利，必须有正确的论点、充足的论据和有力的论证。在辩论的过程中，你需要有力地反驳对方来维护自己的观点，学几招反驳技巧能使你更轻松地战胜对手。

1.针锋相对

一位女作家完成了一部长篇小说，发表后引起了文学界的轰动，这部小说一时成为最畅销的图书。一个评论家曾向她求婚遭拒，便怀恨在心，经常在评论中贬低女作家的才能。

264

一次，文学界举行了聚会，大家都向女作家表示恭贺，赞扬其作品。女作家正一一表示感谢。这时，那位评论家挤到前面，大声地对女作家说："您的这部书的确精彩，但不知您能不能透露一个秘密：这本书到底是谁替您写的？"

女作家沉浸在大家的赞扬声中，他这个意外的提问使她愣在那里。女作家很快平静下来，露出谦和的笑容说："您能这样客观地评价我的作品，我感到非常荣幸，并向您表示由衷的谢意！但不知您能不能告诉我，这本书是谁替您读的呢？"

评论家的话用意非常明显，女作家的反问同样针锋相对，潜台词是你从来不认真对待别人的作品，你的评论无非是信口雌黄。不读别人的书，就没有资格进行评论！巧妙的反问使评论家陷入了尴尬的境地。

2. 运用幽默

我们在工作和生活中，有时需要肯定地表达自己的观点。我们在受到某种不合理的阻挠或不公正的待遇时，不妨大叫几声，这也是在运用幽默的力量。

一家公司的餐饮部，平时餐费很贵，员工们经常抱怨吃得不好，甚至谩骂餐厅的负责人。一次，有一个员工买了一份菜后突然叫起来，他用手指捏着一条鱼的尾巴，把鱼从盘子里拎起来，对着餐厅的负责人喊道："喂，你过来问问这条鱼吧，它的肉到哪里去了？！"另一个员工要的是香酥鸡，他发现没有鸡腿，于是喊道："上帝啊！这只鸡竟然没有腿！它是怎么跑到我这里来的呢？"

3. 比对方更荒谬

一位记者向扎伊尔总统问道:"您很富有! 据说您的财产达到40亿美元!"

很显然,这个问题是针对总统本人在政治上是否廉洁而提出的。对总统来说,这是一个极其严肃而敏感的话题。总统先生听后笑了很长时间,然后反问道:"一位西班牙议员说我有60亿美元! 你相信吗?"

记者的提问显然是认为扎伊尔总统在政治上不廉洁,但没有直说,而是用引证的方式进行委婉的提问。如果总统先生义正词严地驳斥,则会有失风度,但心平气和地解释恐怕也行不通。于是,总统先生除了用"长时间哈哈大笑"这种体态语表示不屑一顾外,还引用了一位西班牙议员的话来反问记者,似乎在嘲笑记者的孤陋寡闻,但实际上是用更大的显然是虚构的数字间接地否定了记者的提问。

4. 循循善诱

俄国十月革命刚刚胜利的时候,象征沙皇反动统治的皇宫被革命军队攻占了。当时,农民们举着火把嚷道,一定要点燃这座举世闻名的建筑,把皇宫付之一炬,以解他们心中对沙皇的痛恨。一些革命工作人员出来劝说,却无济于事。

列宁得知消息后,很快赶到现场。面对那些义愤填膺的农民,列宁恳切地说:"农民兄弟们,我们可以烧掉皇宫。但在点燃它之前,先允许我说几句话,你们看行不行呢?"

农民们一听这话,列宁不反对他们烧,便答道:"完全可以。"

列宁问:"这座房子里原来住的是谁?"

"是沙皇统治者。"农民们大声地回答。

列宁又问：“那它是谁修建起来的呢？”

农民们坚定地说：“是我们人民群众。”

"那么，既然是我们人民修建的，现在就让我们的人民代表住，你们说，行不行呢？"

农民们点点头。列宁再问：“那还要烧掉吗？”

"不烧了！"农民们齐声答道。最后，皇宫终于保住了。

迁怒于物往往是情感朴实、思维简单化的一种表现，解决的关键在于疏导。列宁对群众们循循善诱，帮助他们提高了思想认识，从而保住了这座举世闻名的皇宫。他采取的步骤是，首先理解和赞同群众的观点，这样可以争取到引导群众的时间和机会；接着正本清源，让农民们知道，皇宫原来是沙皇统治者居住的，但修建者是人民群众，如今从沙皇手中夺过来回归人民群众，就应该让人民代表住，这个道理是可以令人信服的，因此农民们点了点头。最后一问，是强化迁回诱导的结果，让群众明确表态："皇宫不烧了"，从而达到了目的。